はたらくを、あたらしく。

サイボウズ式ブックス

サイボウズ式ブックス 創刊に寄せて

多様な個性を押し殺してしまうのではなく、むしろ、個性が発揮されればされるほどに相互作用が生まれ、おもしろいアイデアが飛び出すような、働く楽しさに満ちた「チームワークあふれる社会」をつくりたい——。

そんなビジョンを実現するため、これまでサイボウズは22年間、グループウェアの開発や、自分たち自身の会社の人事制度改革、オウンドメディア「サイボウズ式」からの情報発信など、さまざまな取り組みをしてきました。

さらに、その先へ——インターネットという媒体で届けられる限界を超え、もっと多くの方々に、私たちが大切にする価値観を届けていくためには、どうしたらいいのだろうか。そんなことを考えるようになり、そして、深く、長く、濃く伝えていけるメディアとして思いついたのが、「本」でした。

いまの時代の枠組みの中でうまくやる方法を伝えるのではなく、新しい枠組みをつくり出すためのヒントを伝える。そのための本を、ていねいにつくっていきます。

編集長　大槻 幸夫

マネジャーに
すべてを背負わせるのは
もうやめよう。

最軽量
の
マネジメント

サイボウズ式ブックス

- 2000年　サイボウズ、東証マザーズ上場（2006年、東証一部に指定）
- 2005年　✔**離職率が28％にまで悪化**
- 2006年　「育児・介護休暇制度」（育休最長6年）開始
- 2007年　「選択型人事制度」（働き方を時間軸で2分類）開始
- 2010年　「在宅勤務制度」（リモートワーク）開始
- 2012年　「副業」許可
- 2013年　「選択型人事制度」（働き方を時間と場所で9分類）開始
  ✔**離職率が4％にまで改善**
- 2014年　「複業採用」開始（サイボウズでの仕事を複（副）業とする方を募集）開始
- 2016年　◎**国会に「働き方改革実現会議」設置**
- 2017年　特集「働き方改革、楽しくないのはなぜだろう。」をウェブサイトで公開
- 2018年　「働き方宣言制度」（働き方の完全自由記述式）開始
- 2019年　◎**国会で「働き方改革関連法」適用開始**

働き方改革が叫ばれる
ずっとずっと前から
サイボウズは
働き方を変えることに
挑んできた

サイボウズ／サービス広告ポスター(2017年)

形だけの働き方改革で
いちばん損しているのは
「上」と「下」の間で
板挟みのリーダーだった

部下からは「そもそも何のための改革なんですか」
上司からは「それをうまくやるのが君の仕事だろ」
「上」の意図を汲み取り、「下」に対しては納得させる。
しかも個人の成果も出しながら?

マネジャーに
すべてを背負わせるのは
もうやめよう

国によって、働き方改革が叫ばれだしたのは2016年。

しかし、サイボウズが自ら働き方を変えようと取り組みはじめたのはそのずっとずっと前、2005年のことです。その間、反省と実験を繰り返してきました。

今から20年ほど前、わたしは、まだ社員が十数名だったベンチャー時代のサイボウズへ転職しました。

そこから1年足らずで会社は上場しましたが、成果至上主義に走った会社のマネジメントは崩壊し、2005年に社員の離職率は28％にまで膨れ上がりました。

わたしは社長の青野に言いました。「もう一度、良い会社にしましょう」。

それから、副社長として、管理部門の責任者として、一人のマネジャーとして、「100人100通りの働き方」を実現するまでやってきました。

そして現在、サイボウズは単なるグループウェア会社にとどまらず、、働き方改革のリーダー企業と呼ばれるまでになりました。が、結果として、今わたしが自信をもって言えるのはこれだけです。

「マネジメントって、ホンマに難しい」

つまり、世の中でいう「理想のマネジャー」になるのは無理だった、ということです。

そういうわけで、本書は「サイボウズ流のマネジメント術をふんだんにお伝えします」といった教科書的内容ではありません。それよりも、わたしが会社を経営し、チーム（本書ではあらゆる組織をチームと表現します）をつくっていく中で見つけた

- **「こうやったらうまくいかなかった」という事実**
- **そして「潔くあきらめることができた」理想のマネジャー像**
- **結果的に「残された」マネジャーの本当の仕事**

つまり、「最軽量のマネジメント」を伝えたいと思います。

この本を書く本当の理由。それは、極論サイボウズは「マネジメントなんていらない組織が理想だ」と考えているからです。「これからのマネジャーはどうすべきか」という重荷ではなく「どうすればマネジャーの仕事を減らせるのか」という軽やかさを示したい。

本書は、寄せられた過度な期待と責任から、マネジャーを解放するための本です。

もくじ

はじめに

どうすれば、マネジャーの仕事を減らせるのか？

CHAPTER

1

サイボウズが捨てたマネジメントに関する6つの「理想」

CHAPTER

2

離職率28%から4%までの道のり　サイボウズがうまくいかなかったときのこと

CHAPTER 3

みんなの考えていることが見えなくなったときこそ「ザツダン」

CHAPTER 4

最軽量のマネジメントは「情報の徹底公開」たったひとつ

CHAPTER

5

だいたいの問題は「説明責任」と「質問責任」で解決する

CHAPTER

6

会社そのものがなくなる時代に人はどうやって働くのか

おわりに

おじさんを攻撃するでも、若者を批難するでもなく

はじめに

どうすれば、マネジャーの仕事を減らせるのか？

そもそも、マネジャーは本当に必要なのだろうか

「マネジャー」は当たり前のように、どの会社にもいます。その総数が果たしてどれくらいなのかはわかりませんが、おそらく社長や役員の数よりも圧倒的に多いでしょう。

「係長」「課長」「チーフ」「リーダー」「事業責任者」……呼び方はいろいろありますが、企業の経営課題のひとつには、かならず「マネジャーの育成」が挙げられています。それだけ、会社にとって大切な役割を果たしているのでしょう。

ご多聞に漏れず、サイボウズでもマネジャーの人選や採用、育成については、これまで頭を悩ませてきました。

では、そもそもマネジャーはなぜ必要なのか——あるいは、必要だったのか。果たして、これからも本当に必要なのか。ここから話していきます。

「多様性」の陰で生まれたのは、「世代間のギャップ」

「ジャパン・アズ・ナンバーワン」と評された80年代バブル時代。巷にはモノが溢れ、株や土地の価格が上がり、給与も増え、ブランド品も身近になり、若者は夜をディスコで踊り明かしました。

これがつまり、現在多くの大企業で、代表や役員を務める経営者層が生まれ育ち、暮らしてきた時代のことです。

その狂乱もつかの間、バブルが弾けます。

景気が底を打つ中で、人はだんだんと「生きるために何をするか」ではなく「幸せになるためにどう生きるか」を考えるようになりました。お金をたくさん稼ぐこと、モノをたくさん持つことが幸せ、という昭和の幻想が崩れ、ライフスタイルを重視して仕事とのバランスを考えたい、という理想が生まれました。

そして現代。インターネットとスマホの普及により、その理想は現実になりました。場所に依存しないコミュニケーションが容易になり、「働く場所や時間を自由に決めたい」という価値観が生まれ、一人ひとりの理想は多様化していきました。

その一方、インターネットとスマホを活用する世代と「それ以前の世代」のコミュニケーションコスト……ひいては価値観のギャップが、見過ごせない現実として生じてきたのです。

2015年に行われた、興味深い国際調査の結果があります。

ISSP（国際社会調査プログラム）によると、「自分の職場では、職場の同僚の関係は良い」と思っている人の割合において、日本は調査対象37カ国中、最下位でした。日本人と気質がよく似ていると言われるドイツが、2位の93・4％という数字に対し、日本は69・9％。

しかも、2005年調査時の数字は81・5％。10年前と比べても大幅に悪化しています。つまり、この数字が示すのは、**日本の組織のあり方が多様性の時代に追いつかなくなっている**、という現実です。

では、その原因はどこにあるのでしょうか。

1	ジョージア	93.7%
2	ドイツ	93.4%
3	スイス	93.0%
4	ノルウェー	92.5%
5	オーストリア	91.9%
6	アイスランド	91.7%
7	イギリス	91.4%
8	スペイン 南アフリカ	90.4%
10	台湾	90.1%
11	ベネズエラ	89.9%
12	スウェーデン	89.7%
13	ラトビア	89.6%
14	ニュージーランド	89.0%
15	イスラエル	87.8%
16	デンマーク	87.5%
17	フィンランド	87.3%
18	ベルギー	85.8%
19	メキシコ	85.4%

20	オーストラリア	85.3%
21	スリナム	84.8%
22	エストニア	84.7%
23	スロバキア	83.5%
24	クロアチア チリ	82.6%
26	スロベニア	82.0%
27	ハンガリー	81.0%
28	アメリカ合衆国	80.0%
29	リトアニア	79.2%
30	チェコ	79.1%
31	インド	79.0%
32	フィリピン	78.6%
33	中国	78.5%
34	フランス	78.2%
35	ポーランド	78.0%
36	ロシア	75.1%
37	日本	69.9%

トーナメントシートみたいな組織図は「情報を集約する仕組み」だった

これまでの会社の常識というのは、明治、大正、昭和、つまり**「インターネット以前」**の時代につくられたものです。

それまでの時代と今の時代でもっとも違うのは、情報の価値でした。「情報」を集めるためには、基本的に人と会う必要がありました。そして、共有するにも対面で集まらないといけなかった。

つまり、**情報を集めるにも伝えるにも、場所と時間のコストがかかった**のです。

そのため、ひとつのチームは、できるだけ同じ時間、同じ場所にいることが前提でした。新入社員の頃、みなさんも何度も教えられたことでしょう。大切なのは「ホウレンソウ（報告・連絡・相談）」だ、と。

社員の情報が係長に、そして係長の情報が課長に、課長の情報が部長に伝えられ、

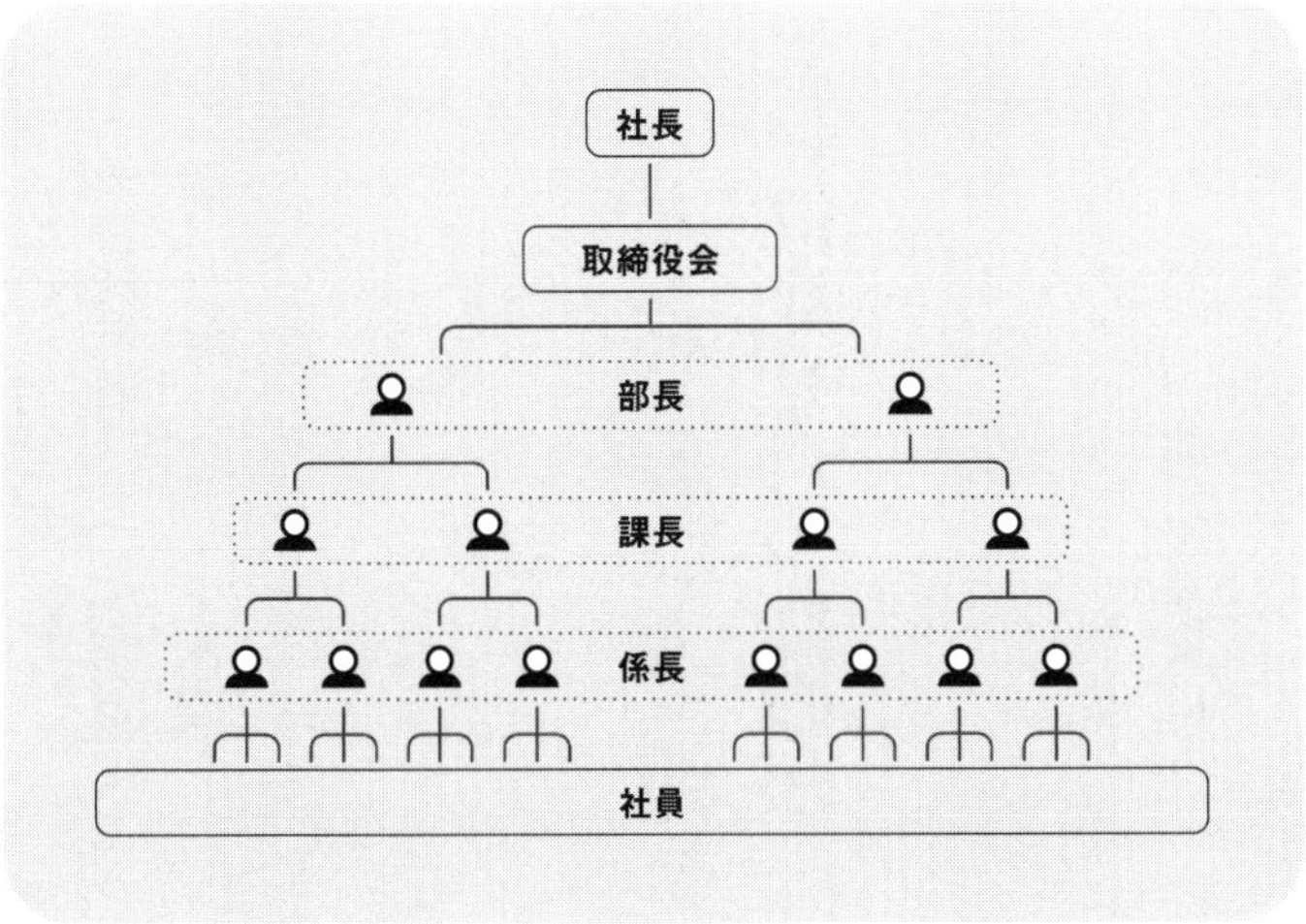

部長が取締役に、取締役が社長に……と、伝言ゲームのように伝わっていく。さまざまな部署から拾い上げられた情報は、社長ないし経営陣のもとに集約され、その情報をどこまで共有するかは、上層部で判断する――。

よく見るあのトーナメントシートみたいな組織図は、実は**「情報を集約するための効率的な仕組み」**だったのです。

だからこそ、トーナメントシートの中間地点には「**ハブ**」としてマネジャーが配置され、情報が吸い上げられていきました。

マネジャーのもっとも大切な役割は、チームを管理することでした。

管理する、とはつまり、ホウレンソウによって部下から吸い上げた情報、あるいは上からの情報に基づき、「意思決定」をしていくことです。

その際、当然マネジャーは部下が知らない情報を持っています。その上これまで培ってきた経験や知識もあるはず。だからこそ、部下にはできない意思決定ができた、というわけです。

偉い人って一度で全部を伝えてくれないアレはなぜだったのか

経験がありませんか？　課長や部長に、情報を「小出し」にされたこと。

偉い人って、一度に全部を伝えてくれないですよね。「どうしてですか？」と聞いても、煙に巻かれたりすることもあります。

「あれってどういうことだったんだろう?」と、よくよく考えてみると、すべて情報を明かしてしまうと、「上司と部下が同じレベルになってしまう」からだったのです。つまり、情報格差を意図的に生み出すことがとても重要だったのでしょう。

アホらしい、と思うかもしれません。

しかし、時代背景を思い出せば「もっともなことだったんだな」とも感じるのです。わたしも昭和生まれの昭和育ちです。インターネットがない時代に社会人になりました。携帯電話はもちろんなく、外出先からの連絡手段は公衆電話のみです。電話機の上には10円玉が山積み。そこからテレホンカードになっただけで「便利になったもんやなぁ」と思っていました。

彼女と電話で話すには、自宅にかけ、お父さんの「だれや、お前」という大きな壁を突破しないと、話すことさえできません。就職してから引っ越した独身寮には、食堂に1台しか電話がありませんでした。新人が順に電話番をやらされ、かかってきた電話をとり、館内放送でいちいち先輩を呼び出していました。

そんな時代、あるいは**もっと前につくられた常識の中で生まれた組織が「会社」**なのです。

情報を得るためにかなりのコストを要していた環境だからこそ、それを持っている人に権限があった。裏を返せば、情報格差こそが権威やお金を生み出す手段だった。そんな時代だったのです。

インターネットは「組織の階層」を破壊した

しかし、インターネット以降の世界で、**情報は根本的に安く**なりました。

それはもう、バブル期の株価の下落なんて比べものにならない暴落です。ＩＴの力で、情報格差はほぼフラットになりました。

あらゆる情報が、あっという間に世界中を飛び回ります。だれでも簡単に発信できるし、共有できます。上司も部下も、１秒で同じ情報にアクセスできてしまいます。

サイボウズが提供するグループウェアも、そんな世界を実現するために生まれたものです。

そうなると、「おれだけがこの情報を持っているんだぞ」という権威は機能しなくなってきます。必死に隠しているつもりでも「ダダ漏れ」です。

こんな状況で、意思決定やチーム管理を、これまで通り——つまり「自分しか知らないから、おれが偉い」「そのおれが決めたんだから、つべこべ言わずにやれ」というやり方で続けるのは、とても大変なことです。

みんなもう、知ってしまっています。

年齢がほんの何歳か違うだけで、意思決定の能力はそう簡単に上がらないこと。同じ情報さえ与えられれば、若いメンバーでも同じ質の意思決定ができることを。

そしてさらに、自分の得意分野であれば、若いメンバーのほうがいいアイデアを出すことが普通に起こり得る、ということに。

働き方改革でいちばん損しているのはマネジャーです

働き方の多様化と、こうした世代間のギャップが生じている中で、いちばん損しているのはだれか？

間にいる、マネジャーです。

マネジャーには「上」から無茶ぶりが降ってきます。「うちの会社は働き方を改革します」「フレキシブルに働かせます」「残業を削減します」「社員の満足度を上げます」――。

いったい、どうやって？

だからといって、マネジャーには、会社のルールをつくったり変えたりする権限はありません。これがいちばん苦しいんですよね。

昭和世代の「上」は、実はだれもそのやり方を知りません。唯一の指示は「問題が起こらないようにうまくやって」とだけ。

なのに、会社の業績目標は変わらない。メンバーの成果目標も下げてはいけない。業務効率を良くし、社員のモチベーションを高く維持しなければならない。自分が持っている数字もある――。

「できるかいっ!」

そんなことができるくらいなら、とっくにやっていますよね。

しかも、そのジレンマに対して「下」から突き上げられるのもマネジャーです。「下」からは、「無理です」「どうすればいいんですか」「そもそも何のための働き方改革なんですか」と問われます。上司に相談にいっても、「それをうまくやるのが君の仕事だろ」とまた無茶ぶりされます。

部下のモチベーション維持の前に、自分のモチベーション……それ以前に、まともな精神状態を維持するのさえ難しいのではないか、と思うのです。

これまでの組織のあり方は、現在の大企業が、創業当初のベンチャー的な経営を脱して成長していく中で、その成功体験を元にできたものです。ですから、それを踏襲し、一生懸命頑張ることが美徳とされてきました。

終身雇用と引き換えに、会社への忠誠心が求められる。「24時間働けますか」と問われ、子どもが生まれようともマイホームを買おうとも、辞令ひとつでどんな場所へも飛んでいく。弱音を吐くやつは「情けない」と叱責され、ついて来られないやつは窓際に追いやられ、あまり意味のない仕事を渡される——。

そんな時代の中で這いつくばって仕事を学んだ世代と、インターネット以降の時代に生まれ育った世代。その狭間で、これまでだれも経験したことのないほど困難なマネジメントスキルが求められている。

それが今の時代のマネジャーなのです。

「上」からの指示の意図を汲み取り、「下」に対しては納得させ、コーチングし、ティーチングし、メンタリングする。そのために必要なスキルは、ビジネス書を読み込んで学習する。自主的にセミナーにも足を運ぶ。もちろん、個人の成果も出しながら、です。

「そんなパーフェクトヒューマン、どこにおんねん！」

あまりに酷です。

この状況でうまくいく人がいるなら、それは奇跡か「もうけもん」です。

しかし、こんな状況の中でさえも、「やるからにはいいリーダーになりたい」という強い責任感を持ちながら、押し付けられた役割と戦っているのがみなさんなのだと思います。

みなさんが日頃、どんな責任や役割を負っているか、ちょっと棚卸してみましょう。会社の規模や仕組みによってバラツキはありますが、一般的にマネジャーの仕事は、大きく分けてこのふたつです。

ひとつは、プロジェクトマネジメント。そしてもうひとつは人材マネジメントです。そして多くのマネジャーが、基本的にはその両方を一手に担っています。

プロジェクトマネジメントには、目標を決める、意思決定する、進捗管理する、予算管理する、といった役割があります。

人材マネジメントには、人材育成や採用、メンバーのモチベーション管理、評価などがあります。

さらに言うと、中間管理職としての報告や調整業務。実際はプレイングマネジャーである人も多いでしょう。

これらの役割をすべて全うし、そのすべてに責任を取れる人がもしいるといたら、その人はすぐに今の会社を辞めて独立したほうがいいでしょう。きっと今より稼げるはずです。

「正直、全部は目が行き届いていない」「全然うまくいかない……どれもバランスよく、なんか無理じゃない?」そう感じる方は、素直な反応です。

そもそも、何でもかんでも役割をマネジャーに集中させてしまっていることが問題なのです。

これらの仕事は、たった一人のマネジャーが抱え込まなければならないものなのでしょうか。

マネジャーを、もっとだれでもできる役割にしたい。抱え込みすぎているマネジメントの仕事と責任を分散させたい——。いや、むしろ「なくして」しまいたい。

サイボウズは、「マネジャー」という役割を、より**希少価値が高い重要なもの、ではなく、もっと「大衆化」する**ことに挑んできました。

サイボウズは人が人を管理することをあきらめた

サイボウズはグループウェアを提供する会社です。

グループウェアというのは、組織の中でやりとりされる情報、たとえば、スケジュール・顧客情報・メール・さらには企画書やExcelファイルまで、あらゆる情報をオンラインで手軽に共有するためのツールです。

つまり、**より良いチームワークを生み出すサポートをするもの**。ですから、企業理念にも「チームワークあふれる社会を創る」と掲げています。

そして、わたしたちが考える理想のチームワークとは、「企業理念に共感して集まったメンバーが、お互いの個性を尊重し合い、公明正大に議論して意思決定し、自立したそれぞれが互いに作用し、助け合いながら、最大限能力を発揮できること」です。

お互いの個性を尊重し合う、ということは、それぞれの働きやすさを尊重する、ということ。それならまずは、サイボウズ自体がやるべきだ、と。

その結果、「１００人１００通りの働き方」を合言葉に、サイボウズではさまざまな働き方を実現してきました。

- **育休は最長６年**
- **育自分休暇制度**…35歳以下は、退職後6年間出戻りＯＫ
- **複（副）業自由**…会社資産と関係ないものは承認や報告の義務もない
- **複業採用**…サイボウズ側の仕事を複（副）業とする人向けの採用方式
- **働き方宣言制度**…いつ、どこで、どれくらい働くのか、は個人の自由記述式

サイボウズでは副業を「複業」と表現しています。

従来の副業は、副収入を得るための「サブ」的な意味合いが強いものでしたが、サイボウズが考える「複業」は自分らしい個性的なキャリアを積むための「パラレル」、つまり並列なものです。

また、サイボウズの働き方は、もはや選択制ですらありません。**「いつ、どこで、**

どれくらい働くのか、自分の希望する働き方を自由記述で宣言」します。

在宅で朝7時から働く人もいれば、基本は地方在住で週に2日リモート勤務する人、9時出社するけれど途中複業で抜けて夕方に戻ってくる人もいます。まさに「100人100通りの働き方」です。

こうなると、もはや管理のしようなんて、ありませんよね。

「100人100通りの働き方」を目指した時点で、サイボウズは社員を管理することはあきらめたのです。

そして当然、ここからサイボウズにおいてマネジャーに期待される役割は変わっていきました。

マネジャーは完璧じゃなくていい「理想のマネジャー像」なんていらない

では、メンバーの幸せを第一に考える組織のマネジャーは、どうあるべきなのか――。

すみません。自分から言い出しておいてなんですが、もう、そういうのはやめにしませんか。「こういったマネジメントをすべきだ」「こんなマネジャーが理想だ」「こういう経験がある人が向いている」……。

見たこともない「理想の姿」を求めて、チェックリストをつくって、フレームワークに落とし込んで、「再現性のある」ノウハウを見つけて……。

そんなやり方は、もう通用しません。だって、100人100通り、一人ひとり違う個性や価値観を持ったメンバーが、チームとして集まっているのですから。

みんな「管理される」のはイヤなはずなのに、マネジャーになった途端、「管理しよう」とします。なぜでしょうか。

十数年前のわたしもそうでした。そして、たくさんの過ちを犯しました。ここで、はっきりさせておきたいことがあります。「マネジャーがメンバーのことをすべて把握し、管理する」なんて、無理です。

ただでさえ、「働き方改革で部下を早く帰さないといけなくなって、中間管理職が仕事を巻き取らないといけない」「部下の働き方が多様化したせいで、管理業務がかえって大変になった」……そんな声も聞こえる中で。

もっと、力を抜いて、「**あきらめる**」**ことから**始めてみませんか。

マネジャーが、なんでもかんでもできる必要はないのです。完璧じゃなくていい。完璧を求めると、自分も苦しくなるし、周りも苦しくなります。

あきらめる、という言葉を辞書で調べると、こう書かれてあります。「つまびらかにする。いろいろ観察をまとめて、真相をはっきりさせる」。

つまり、**無理がある、と感じることにはどこかにかならず問題がある、**ということ。それを明らかにせずに根性論だけでがんばる、というのはおかしいのです。

じゃあ、どうすればいいのか。

無理だと思うことには問題がある

⬇

じゃあ一度それを明らかにしよう

⬇

明らかにすればマネジャーの仕事は絶対に減らせるはず

この視点こそが、この本で伝えたい「最軽量のマネジメント」なのです。

「はじめに」の最後に、この本の構成を紹介します。

第一章では、まず「サイボウズが捨てた捨てたマネジメントに関する6つの理想」と題して、サイボウズが「100人100通りの働き方」を実現するまでに捨ててきた、古びた理想を書き出しました。

まずはこの章を読んでいただき、これまでみなさんが背負ってきた重荷をそっと床に置いてもらいたい。

次に、第二章では「離職率28%から4%までの道のり」として、サイボウズが**うま**

くいかなかったときのことをまとめました。

サイボウズでやってきた経験はありますが、すべてがすべてうまくいっているとは思わないですし、「これが正しい」とは言い切れません。わたしとみなさんは違う人間だし、サイボウズとみなさんの会社は違う企業だからです。

しかし、こうやったらうまくいかなかったという事実は、はっきりとみなさんに示すことができます。当てはまるかわからない成功例ではなく、過去の失敗例を参考に、みなさんのこれからを想像していただければと思います。

そして、第三章・第四章・第五章では、

・「みんなの考えていることが見えなくなったときこそ『ザツダン』」
・「最軽量のマネジメントは『情報の徹底公開』たったひとつ」
・「だいたいの問題は『説明責任』と『質問責任』で解決する」

として、どうすればマネジャーの仕事を減らせるのか、チームの多様な働き方を成り立たせることができるのか、**何よりそのどちらとも両立するには、その実践例**を共有します。

最後に、「会社そのものがなくなる時代に人はどうやって働くのか」として、わたしがシリコンバレーで見ている、すこし先の会社のあり方をお伝えしています。

売上や利益、成果を第一に考える組織におけるマネジャーの教科書は、世の中に溢れています。

けれども、メンバーの多様性、働きやすさ……つまり、チームの幸せを第一に考える組織のマネジメント。その「実験結果」は、まだまだ足りません。

働き方改革以後、理不尽な板挟みに合い、途方に暮れるマネジャーにとって指針となるような……迷ったとき、ふと夜空を見上げると目に映る北極星のような、そんな「レポート」にこの本がなればと思います。

はじめに ／

どうすれば、マネジャーの仕事を減らせるのか?

CHAPTER

1

サイボウズが捨てたマネジメントに関する6つの「理想」

古びた理想を捨てることから始めよう

インターネット以前と以後で、人々の価値観と働き方は変わりました。

しかし、マネジャーに求める理想像や「組織はこうあるべき」といったイメージだけが、変わらないまま。

最軽量のマネジメントを実践するために、まずはこの古びた理想を捨てることから始めましょう。サイボウズは6つの理想を捨て、同時に、マネジャーや組織に限りなく軽やかな姿勢を求めてきました。

①マネジャーは「地位」ではなく「役割」である

②モチベートに必要なのは「スキル」ではなく情報を公開する「覚悟」

③「自分が神」になる必要なんてない「だれが何のプロか」知っておくだけでいい

④組織図は「ピラミッド型」から「キャンプファイア型」へ
⑤「100%の忠誠心」なんて求めない「100人100通りの距離感」を受け入れる
⑥目指すのは「ホワイトな企業」よりも「透明な企業」

順に、お話ししていきます。

①マネジャーは「地位」ではなく「役割」である

すこし前の経営会議で、社長の青野がこんなことを言い出しました。

「もう、『部長』って古くない?」

サイボウズの新しい組織図について話していたとき、ぱっと青野の口からこぼれた

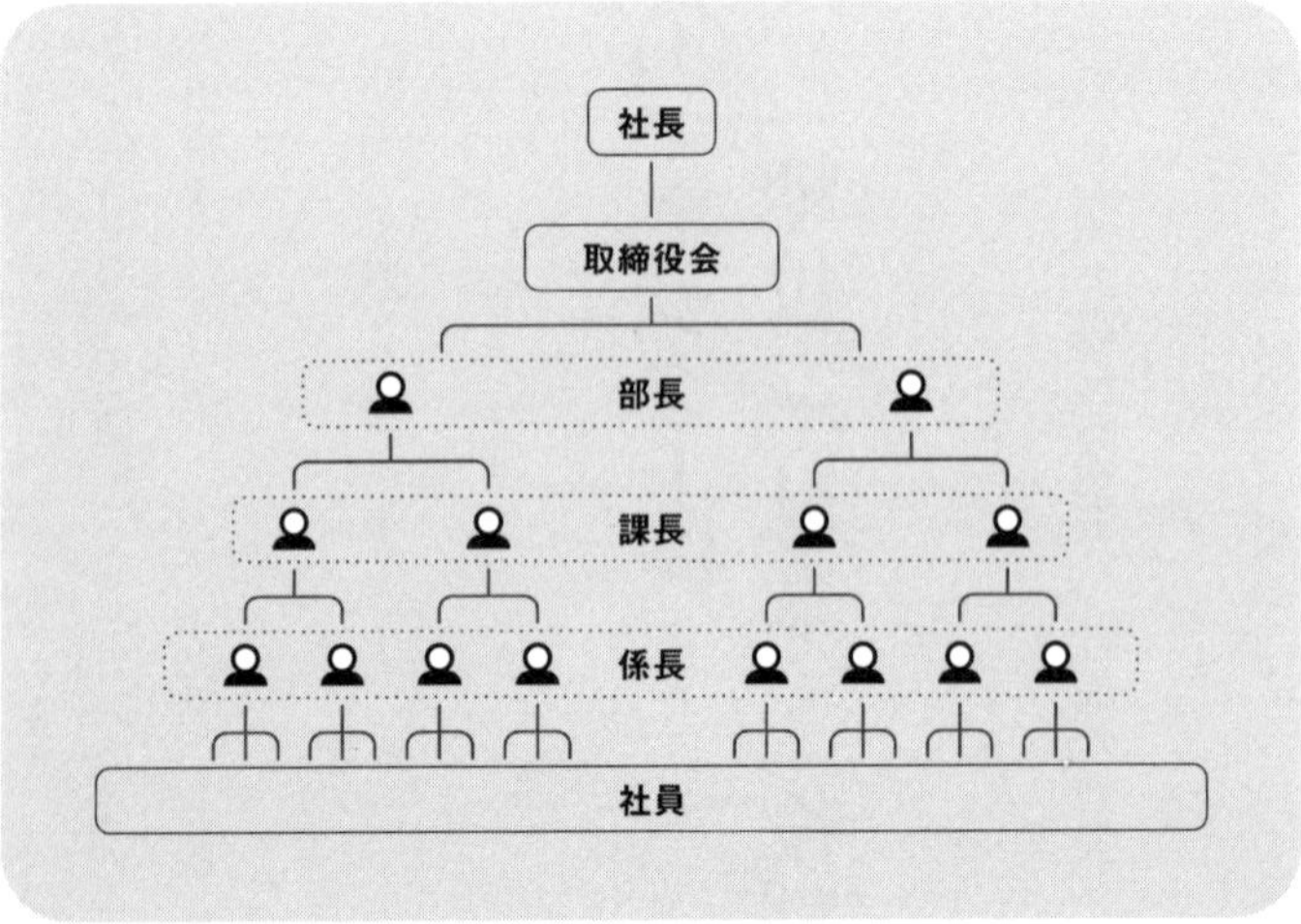

言葉でした。彼が言いたかったことが、呼び方の問題なのか本質論なのかはさておき、この感覚の変化は、きっとだれもが持ちはじめているものでしょう。

「部長」ってすごく偉そうな響きですよね。しかし、そもそもマネジャーって「偉い人」であるべきなのでしょうか？

では、「ピラミッド型の組織図」を、もう一度見てみましょう。

たしかにこのピラミッドを横から見れば、係長、課長、部長と役職が上がるにつれて地位も高くなっているように見えます。

しかし、このピラミッドをもし上から俯瞰して見ると……どうなるでしょう。

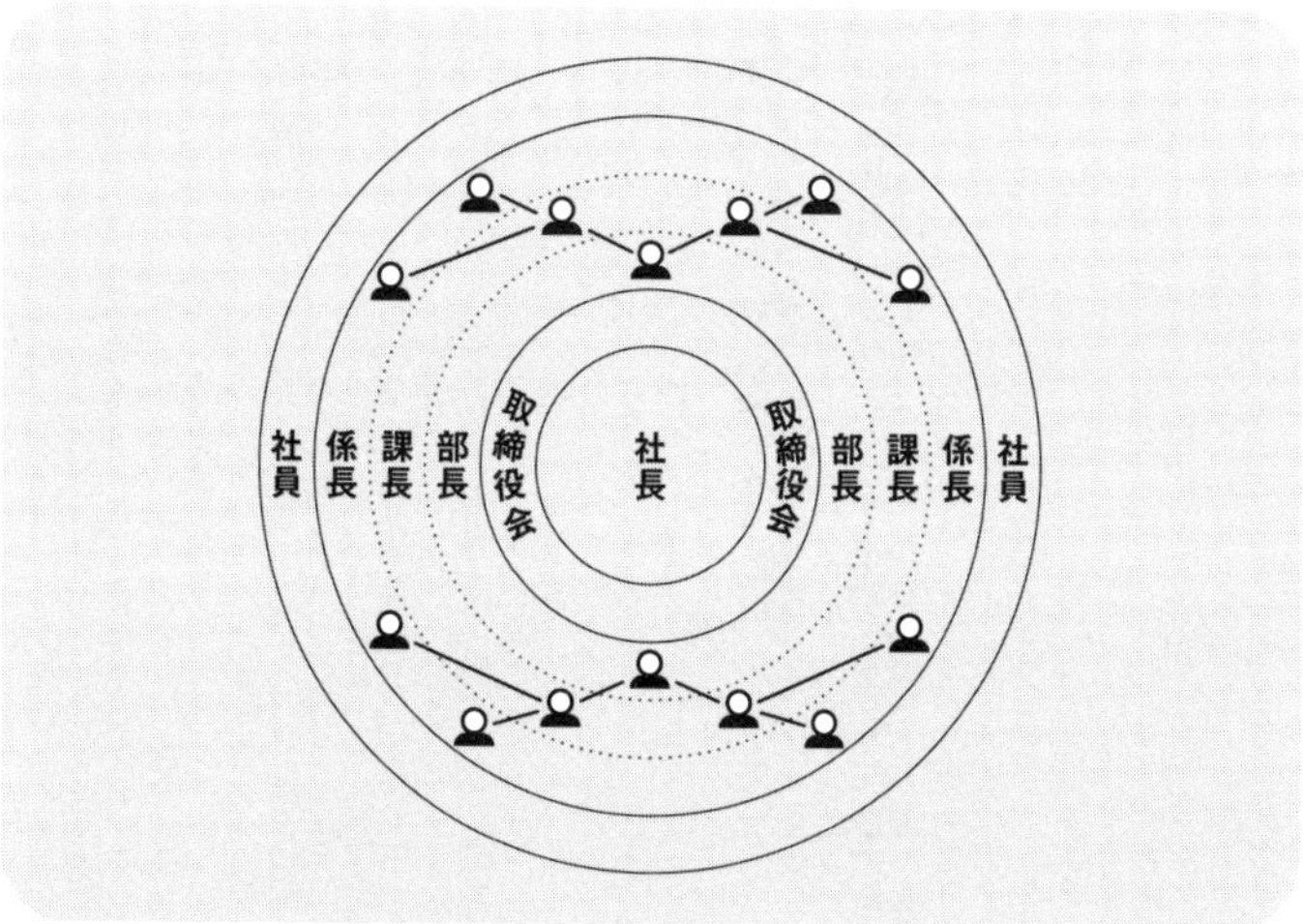

役職が何であれ、その位置に高いも低いもなくなりました。

これが、本来の組織図です。

わたしも今ではサイボウズの副社長という立場のため、どうしても社員は「地位のある人」と認識しますし、自分自身も偉いんじゃないかと思ってしまいがちです。

しかし、そもそも「マネジャーは偉い」という間違った認識があるから、「どうしておれの言うことが聞けないんだ」といういらだちが生まれるのです。

マネジャーとは本来ただの「役割」、もっというと「機能」に過ぎないはずです。

ではなぜ、「マネジャーは偉い」とい

う空気は生まれたのでしょうか。

会社に成果をもたらすために、マネジャーが持つ最大の役割は「意思決定」。これは今も昔も変わりません。

上層部からの指示と、部下からの情報を踏まえて、何をすべきかを決定する。そして、メンバーに主体的に動いてもらう。そのためには、意思決定の背景やその決断に至った理由をわかりやすく説明して、部下を説得できる能力が必要です。

みんなが疲れる「権威ごっこ」はもうやめよう

ただこれって、だれもが簡単にできることではないですよね。

となると、「この人が言うことはもっともだ」「この人こそが正しい」と部下に思ってもらうためには、役職者には権威がある、と思わせるしかありませんでした。

だからこそ、これまでマネジャーは「選ばれし者」でなければならなかったし、人格者である必要がありました。上に立つ者は高級なスーツを着て、品位を落とすような発言や行動を慎むべき、下位の者は上を立て、という価値観があったのでしょう。

もはや、それは「権威ごっこ」です。

こうしていつの間にか、マネジャーとは「地位」であるかのようにみんなが錯覚していったというわけなのですが……。

そんなの、もうしんどいですよね。偉ぶるのも、へりくだるのも。

権威が必要だったのは、情報やスキルが不足していたから。

しかしいまや、必要な情報はだれでも得ることが可能な時代です。むしろ最新の知見は現場のほうが明るい、という場合も多い。意思決定の材料となる情報は、すでにメンバーが十分に持っています。

つまり、スキルや情報をマネジャーだけが持っている必要はなくなりました。

であれば、もうマネジャーは、**無理に自分を大きく見せる必要はない**のです。

やることは、「あなたはどう思う？」「この場合はどうしたほうがいい？」と、メンバーの意見を聞き、情報を引き出すこと。そして、最終的な意思決定をすることだけです。

「弱みなんて見せられない」と虚勢を張らなくてもいいし、決して「部下がついてくる人物にならなければ」と肩に力を入れる必要もありません。

②必要なのは「スキル」ではなく情報を公開する「覚悟」

サイボウズは「個人戦」ではなく「団体戦」で働くことを選びました。

インターネット以後、企業の戦い方は変わりました。

これまでの世界は「個人戦」でした。情報の価値が高かった時代は、それを占有し、一人でいかにすぐれた戦略を練り、周りを出し抜くかが重要だったのです。

けれども、インターネットが普及し、情報の価値が下がった今の世の中は「団体戦」です。情報を共有して、チームでいかに役割分担するか、という方法に戦い方は変わってきました。

この「情報の徹底公開」こそ、マネジャーに本当に残される仕事のひとつです。

（詳細は第四章でページを割いてお伝えします）

情報を分断し、ほかの人を出し抜こうとするのは、もはや非効率でしかありません。団体戦に必要なのは、複雑なマネジメントスキルではなく、「マネジャーだから知っている」と偉そうにできていた武器（情報）を捨てること。ただその「覚悟」だけです。

けれども……。

経営者やマネジャーの立場から見ると、情報を渡すことって、めちゃくちゃ覚悟がいることですよね。経営者や役員と同じレベルの情報をメンバーに公開した瞬間、会社はフラットになります。その上でどう判断し、どう行動してもらうのか。

これまで明かしていなかった事業戦略や財務状況を公開すれば、もはやウソはつけません。

潤沢に内部留保があるのに、「ウチは厳しいから何とかこれでガマンしてくれ」とボーナスを抑えていたら、「社員に出す金はないのか」と反感を買います。「つべこべ言わんとこの戦略で行くぞ」と指示しても、「そのマーケットはもうレッドオーシャンです。今からでは間に合いません」と、まともに反論を喰らいます。

ただ、社員の視点から見れば、どうでしょうか。

情報を公開してもらえることは、会社が、マネジャーが「あなたを頼りにしています」と言外に伝えてもらっているのと同じことです。

とても嬉しいことですよね。

公開された情報をもとにした、一人では考えつかないアイデア。複数の視点からのフィードバック。

価値を生み出すのは、**だれか一人のカリスマではなく、**平凡な人たちが協力して**得意分野で補い合うチーム**なのです。

いちばん公開したほうがいい情報は「途中経過」

とはいえ、次に出てくる疑問は「どこまでを公開して、どこを隠すのか？」でしょう。

答えは、インサイダー情報や個人情報以外隠すものはない、です。

サイボウズでは、事業戦略、新製品、新しい人事制度など、検討中のものも含めて基本的にすべての情報は社内で公開されています。

そして、いちばん公開するのが難しい、でも公開したほうがいいと思うのは**「途中経過」**の情報です。こんな懸念をよく耳にします。

「まだ議論中の内容を共有すると、社員が混乱するし、さまざまな意見が出ても反映しきれない」「意見を反映しなかったら、それはそれで反映しなかった理由を説明する責任が生じる」「とにかくコミュニケーションコストがかかる」

けれども、端的に言ってしまえば、「社員が主体的になることは望んでいません」

と言ってしまっているようなものです。

経営層と社員の間に情報格差が生まれれば、当然それを理解するまでのタイムラグが生じます。すると、せっかくの意思決定が「実態の乖離」に修正を余儀なくされることもあります。もしくは、修正まではしないものの、「聞いていなかった」「何も知らなかった」「こんなのうまくいくはずがない」と現場は不満を漏らし、テンションも上がらないまま、とりあえず形だけはやっておく、ことになりかねません。

それでは当然、仕事の生産性は上がらないし、成果も出にくいでしょう。

経過を見せることと、一度は決めたものをさらに覆して修正すること。果たして、どちらがコストでしょうか。

③「自分が神」になる必要はない「だれが何のプロ」か知っておくだけでいい

前章で、わたしは「人が人を管理することをあきらめた」と言いましたが、ではマネジャーとして何をしてきたのか。それを一言で言うと「お願い」です。

お願いって、なんだかとっても仕事ができなさそうなおじさんの雰囲気で、違和感がありますよね。

それもそのはずで、大前提として、これまでの理想のマネジャー像は「そのチームでいちばん有能な人」でした。

だからトップダウンが通じたのです。マネジャーの言うことは絶対。「いちいち説明せんでも、そんなもんわかるやろ」と指示し、メンバーがそれを実行するのがもっとも効率的なマネジメントだと思われてきました。

サイボウズもかつてはそうでした。

「昭和の価値観」を引きずったマネジャーがたくさんいました。

その最たるはわたし自身です。

意思決定の早さがすべて。「全員に納得してもらわなくてもいい。別にそれで、納得できないやつがいれば、やめればいい」と思っていました。

「意見を聞いているうちにアウトプットが出なかったら、会社が潰れてしまうし、社員が路頭に迷うやろ。そんな暇あったら、やることやれ！」と、勇気を振り絞ってくれたメンバーの意見を、一蹴していました。

けれども、**今の時代、意思決定の早さは、本当にすべてでしょうか。**

意思決定がいくら早くても、そのプロセスが適切で、その過程や情報が可視化され、意図がはっきりしていなければ、メンバーは納得してくれません。**納得しないままプロジェクトがスタートしても、結局、業務効率は上がらないままです。**

話をマネジャーの理想像に戻します。

マネジャーは「そのチームでいちばん有能な人」、これは本当に正しいでしょうか。

よくよく考えてみれば、わたしが「マネジメントなんて、できない」とあきらめられたのは、入ってくる社員がみんな優秀な人ばかりだったからかもしれません。

まともな会社であれば、いつの時代も、あとから入ってくる人は、優秀です。年次など関係なく優秀なはずです。持っている専門性や個性も多岐にわたっています。セールス、マーケティング、プログラミング……わたしの知らないことを本当によく知っています。

会社が大きくなるにつれて、仕事の内容は多岐に渡り、専門性も多様化します。そうなると、ほかのメンバーよりマネジャーがすべての点においてすぐれている、という状況はあり得ません。**（もしあり得るとすれば、そのチームはチームであるべき意味がありません）**

ならば、**マネジャーだからやる、という理由でやるべき仕事などほぼありません。**

たとえば、いつも自分だけが大事なプレゼンをする必要はありません。話がうまい人に任せればいい。数字の責任があるから、といって、自分でExcelとにらめっこする必要もない。データを分析するのが得意な人にマーケティングをお願いすればいいのです。しかし、モノを売るのだけはめっちゃ得意、というのであれば、それは自分で引き受ける。

つまり、マネジャーにとって大事なことは、自分が所属するチームにおいて**「この**

問題はどのメンバーに聞いたらわかるか？」を把握しておくことです。

メンバーに負けじと自分が成長することも大切ですが、すべてのボールを自分で引き受けていたら、ボールはいつの間にか抱えた腕からこぼれ落ちてしまうでしょう。

これは決して、「助けてもらうマネジャーになれ」ということではありません。自分（マネジャー）とメンバーを区別しない、ということです。それぞれの特性に応じていろんなことをお願いする。そこには、だれが偉いもありません。

ミレニアル世代以下と昭和世代では行動原理そのものが違う

こんな話をすると、かならずと言っていいほど出てくる意見があります。

「うちの社員はそんなに優秀じゃない」「みんなレベルが低くて、自分が引っ張らないと回らない」「最近の若手は指示待ち型で主体性が足りない」

これ、**あまりに「都合が良すぎ」**やしないでしょうか。

実は、わたし自身、メンバーから「こんなことしませんか？」なんて次々と意見が出てくるとは思っていません。だって、今まではマネジャーの指示にメンバーが従うのが良し、とされてきたのですから。いきなり「積極的になってくれ」なんて、虫のいい話です。「メンバーの意識を変えよう」「成長させよう」なんて言っている時点でおこがましいのです。

これまでのマネジメント経験を通じて、心底身に染みて感じたことがあります。

それは、「権限」ってこわいな、ということ。

ルールを決めて、メンバーに守らせて、優秀な人材という枠組みにはめて、それに合わない人は切り捨てる……かつてそれをやっていた者として自省するのは、組織の中で万能感を持つと、人はだんだん錯覚していく、ということ。

まるで自分が「神」になったように。

本当に、おそろしいことです。

自分の思ったとおりにチームが動き、統制も取れ、効率的に成果を上げていくさまを見るのは、なんとも自己顕示欲を満たします。

ある種のエゴです。もしそのエゴにみんながついていって、みんなが幸せになれるのなら、それはそれでひとつの正解かもしれません。

けれども、ミレニアル世代やさらに若い「Z世代」と言われる人たちが生まれ育ったのは、巷にモノが溢れ、インターネットが当たり前にある時代です。無数の情報から好きなものを選ぶことができて、仮に身近な友人と話が合わなくても、SNSで簡単に共通の趣味を持った仲間を見つけられる世界。

つまり、「無理に自分の思想や姿かたちを変えなくても、自由に好きなコミュニティを選ぶことができる」と肌感覚で理解している人たちです。

そこでは「こうしなさい」というトップダウンの権限は機能しません。

「いいね！」と思えることを選び、体験し、それを人にシェアする。

それが新しい世代の行動原理です。そしてそれは、そっくりそのまま仕事選び、会社選びにも当てはまります。

共感で、動きが変わる。共感が、成果につながる。

現在起こっているのは、情報が新聞からインターネットに変わった、とか、働く場所がオフィスからカフェに変わった、とか、そういう話ではなく、**人々の行動原理、すなわちチームの行動原理のパラダイムシフト**なのです。

そして、チームの行動原理が変わりはじめているなら、組織のあり方自体も変わりはじめているはずです。

④組織図は「ピラミッド型」から「キャンプファイヤー型」へ

従来のピラミッド型組織は、情報共有のコストが高かった時代のもはや「遺物」となりはじめています。共感で動く世代にとって、従来の構造はあまりに不自然です。

最近ではどの会社でも、部署を横断したり、社外の人とも協力する「プロジェクト型」の仕事が増えてきましたよね。それもひとつやふたつではありません。

そうなると、何が起こるか？

意志決定のプロセスが複雑化します。

あるプロジェクトに関わっているのが、営業部と企画部とマーケティング部と外部パートナーだとすれば、営業部、企画部、マーケティング部それぞれの係長、課長、部長の承認をもらって、外部パートナーとは契約書を結んで……。承認をもらうだけで勤務時間が終わりそうです。

もはや、ピラミッド型ではカバーしきれない領域が大きくなってきたのです。

それなのに、従来の構造で動こうとするから、つまり**歪みの調整に追われるから、マネジャーはいつも「しんどい」**のです。

そこでわたしたちが意識している組織のあり方が「キャンプファイヤー型」です。

キャンプファイヤーをしたことがありますか？　おそらく一度は小中学生時代に林間学校でやったことがあるはずですが、イメージしてみてください。

丸太を組んで、焚き火を起こして、パチパチと燃える火を囲みながら、最初は一緒に歌ったり、踊ったり、ゲームをしたり。そのうち、みんな思い思いに過ごしながら、なんだか楽しくて、あっという間に時間が過ぎてしまう。

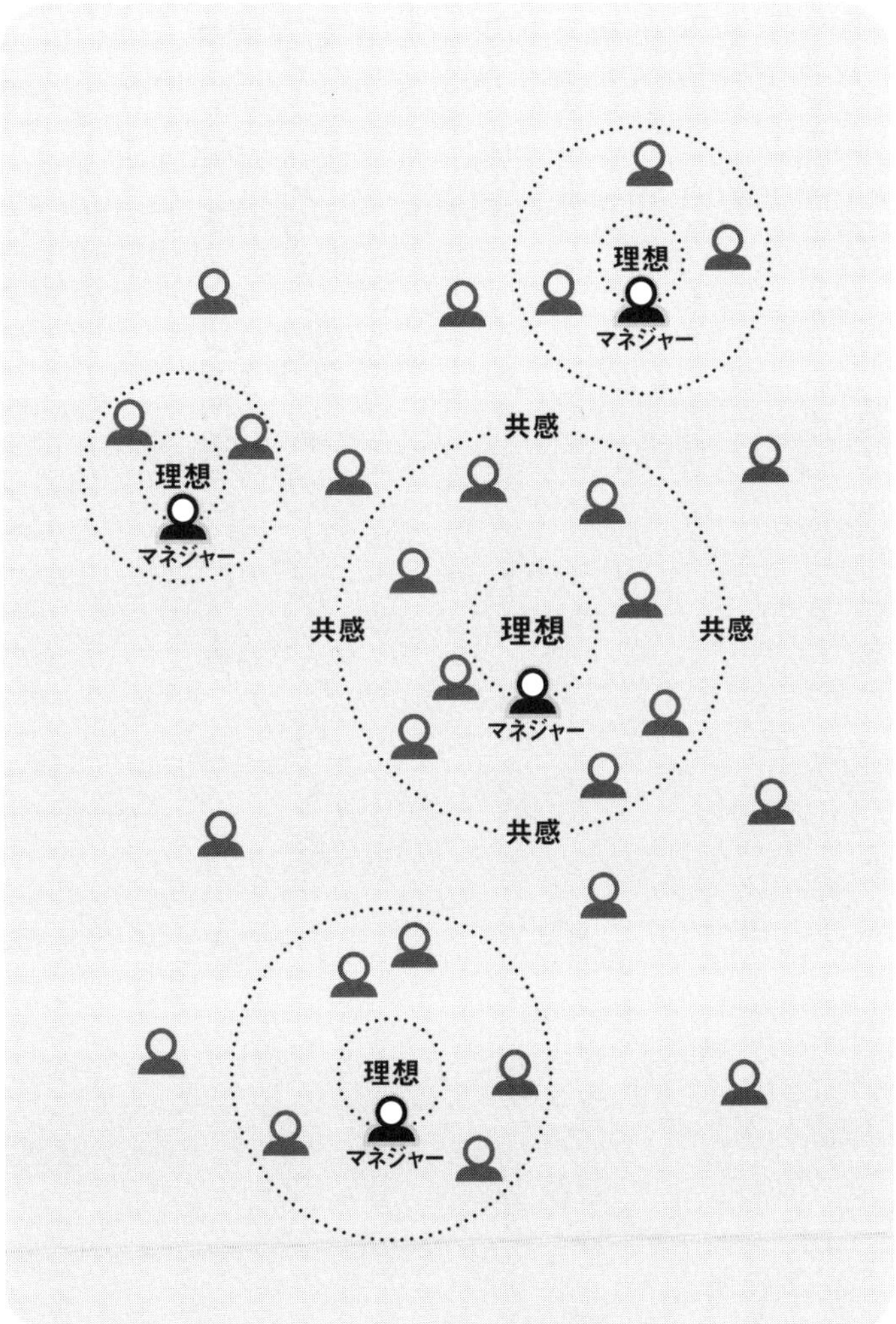
理想
マネジャー
理想
マネジャー
共感
共感
理想
共感
マネジャー
共感
理想
マネジャー

組織にも取り入れたいのが、その光景です。

サイボウズの開発部では「マネジャー職」そのものがなくなった

キャンプファイヤーの中心にいる人は、歌いたい歌を歌って、踊りたい踊りを踊る。決してほかの人に対して「こっちを見てくれ！」とアピールしているわけではありません。本当に、やりたいことをやっているだけ。

ビジネスに置きかえても同じです。

「わたしも同じことで困ってた！」「だからこうやって解決したい！」……。だれかが描いた理想は、暗闇の中で手に掲げられるトーチのように、あたりを明るく照らします。その光に引きつけられて、人は集まっていきます。

そのうちに、「一緒に歌いたいな」と思って歌いはじめるメンバーが出てくればいいし、「わたしたちは踊りたいです」と踊るメンバーがいてもいい。

「わたしはこんなことができます」「それなら、ぼくはこれをします」「この領域は任せてください」と、できることを持ち寄って、ひとつのチームが生まれていきます。

もちろん、「踊るのは恥ずかしいけれど近くで見ていたいです」という人がいてもいいし、「隣のほうがおもしろそう」と、別のキャンプファイヤーに移ったりする人もいる。

しまいには、自分で新たに焚き火を起こす人もいれば、「いやあ、向こうでは踊り尽くしたので、またこっちに戻ってきていいですか」と出戻る人もいる。

だれが「偉いか・偉くないか」もなければ「正しいか・正しくないか」もない。

ただ、それぞれに役割があるだけ。

そしてそこに「人が集まる理由」があるとすれば、「おもしろそうだな」「楽しそうだな」と思えるかどうか。つまり、「いいね！」と思ってもらえるかどうかなのです。

実際、**サイボウズの開発部では、「マネジャー職」がなくなり、ピラミッド型の構造が組織からなくなりました。**１６０人ものメンバーがいる組織にもかかわらず、

です。

「管理職って別にいらなくない？」という言葉のもと、治外法権的な実験段階ではありますが、「組織構造がチームの改善の大きな妨げになっているのでは？」「今の状況に対して今の組織が最適なのか？」という、現場のマネジャーたちの問題意識から、組織変更の議論が始まったのです。

⑤「100％の忠誠心」なんて求めない「100人100通りの距離感」を受け入れる

ここでひとつ質問です。

「ピラミッド型」にあって「キャンプファイヤー型」にないものは、何でしょうか？

答えは「100％の忠誠心」です。

これまでの会社は、ピラミッドの枠組みの中に入った人を「社員」と呼び、決められたルールを守れるかどうかによって、忠誠心を測ってきました。

フルタイム、しかも残業して遅くまで働けるかどうか。上司や取引先との飲み会に付き合えるか。転勤ができるか。さらには海外赴任ができるか。そして家族ができて家を買っても、単身赴任で文句を言わずどこにでも行けるか——。

これらになんとか食らいついてきた社員を「よし、上の段に上がっていいぞ」と、出世させてきたわけです。

一方で、そのルールについていけなかった人は、「頑張りが足りない」と評価されませんでした。失意の中でその枠組みを出ていく者は「二度とこの敷居はまたがせんぞ」と切り捨てる。

この囲いをどんどん広げて会社を拡大させることを、わたしたちは「経営」と呼んできたのです。

改めて客観的に見てみると、おかしいですよね。

けれども「キャンプファイヤー型」では、歌う人もいれば踊る人もいるし、出たり入ったりする人もいれば、片足だけ残している人もいます。改めて図を見直してもらうと……そう、焚き火を中心として、その距離感は人それぞれ。「100人100通り」の距離感が存在するのです。

ましてやこれからグローバルに展開し、価値観もいっそう多様化していく中で「100%の忠誠心を求める」なんて、不可能な話です。

ひとつの会社で定年まで働きつづけることも少なくなりました。都市部より収入が下がるかもしれないけれど地方に住んで家族の近くで働きたい、と考える人も増えてきています。しかもその選択肢ですら、ライフステージやライフスタイルが変われば、改まる可能性があります。

サイボウズは、すべての社員に100%の忠誠心を求め、100%の信頼を築くのは、あきらめました。**忠誠も信頼も「あるかないか」の2択ではなく、あくまでグラデーションとして存在するものだ、**としました。とはいえ、理想への共感が0%ではチームにならないので、すくなくともサイボウズがつくりたい理想には共感はしていて、そこに役割があり、それに応じた報酬があり、納得して協力してくれるのなら、100%でなくても問題ないのではないか、と決断したのです。

たとえば、1年に一度くらいしか会わないけど20年来の良好な関係が続いている友人がいたとして、その友人ともし、毎週会うことになったら……。もしかしたら、妙にその人の悪いところが目について、二度と会いたくなくなってしまうかもしれません。

お互いが心地良くいられる距離感は異なります。ですから「100人100通りの距離感」を受け入れてチームづくりを進めたのです。

「サイボウズの5精神」とか社員にとっては寒すぎる

わたしもかつて、全社員に100％の忠誠心を求めたときがありました。

研修で、「サイボウズの理想に共感しているか？」と問いかけ、「サイボウズの5精神を唱和しろ！」と、一言一句違わず覚えさせようとしました。

けれども、結果は「みんな全然覚えてくれへんなぁ…」というわたしのぼやきが残るだけでした。実はあまりに覚えてくれないため、「7精神」をふたつ減らして「5精神」にしたにもかかわらず、です。

全員が同じ距離感で、一列に並び、目標に向かって突進していくのは、もはや時代遅れです。

サイボウズというチームへの忠誠心となると、社長も含めてだれも100%のコミットはしていないでしょう。

会社に50%、家族に30%、複業と余暇にそれぞれ10%ずつの人。あるいは、会社が30%、複業が50%で、家族と余暇にそれぞれ10%ずつの人もいます。いていいのです。

チームを語るうえで「信頼」という言葉がよく登場します。「信頼度を高めてチームワークを良くしよう」「信頼関係を構築して一体感を高めよう」といった具合です。

でも、思いませんか？

会社から信頼、信頼……と声高に言われてもなんだか……「寒（さぶぅっ）！」って。

仲が悪いより良いにこしたことはありません。ただ、あまりに信頼感が高まりすぎて、「マネジャーの言うことなら間違いないと思います」「あなたに言われたことはかならず守ります」なんて、右向け右で会話するようになったら、そもそもチームで仕事する意味があるでしょうか。

測るべきは、**「信頼感」ではなく「距離感」です。**

わりとすぐにだれとでも仲良くなって同僚とまるで友人のように接する人。仕事は仕事・プライベートはプライベートと切り分け一定の距離を保ちつづける人。人それぞれ。

そして、メンバー**それぞれが心地いいと思える距離感を保つことが、他者への尊重**であり、あるべき「信頼関係」です。

⑥目指すのは「ホワイト企業」より「透明な企業」

最後に、これまで話してきた5つの理想を潔くあきらめることができた要因とも言える、サイボウズの最大の特徴をお伝えします。

それは**「公明正大」**という言葉です。

サイボウズがメディアに取り上げられるとき、「ホワイト企業」という冠をつけられることがよくあります。けれども、わたしたちはもとからホワイト企業を目指していたわけではありません。

大切なのは、ホワイトでもブラックでもなく、「クリア」な会社を目指した、ということです。とにかく「透明」であること、つまり「公明正大」であることを。

就活の場で、よく「いかにしてブラック企業を見分けるか」という話になります。

できればワークライフバランスを重視して、働きやすく、福利厚生も充実したホワイト企業で働きたい。すくなくとも、長時間労働で社員を酷使するブラック企業は避けたい……。

けれども、全部が全部、ブラック企業を否定することはない、とも思います。

「当社はかなりハードワークです。そのぶん給与はこれだけ払います。やりがいのある仕事があり、市場としても成長性があって、頑張りによっては会社自体を大きくできる可能性があります。それを理解して、共感してくれる人はぜひチャレンジしてみませんか？」

ちゃんと情報が開示されているのであれば、選ぶのはその人次第です。

サービス残業を強いられたり、長時間労働で体調を崩したり、だれかが亡くなったりするような状況に追い込むことを肯定しているわけではありません。

実際、ベンチャー企業やスタートアップは、大企業と比べると労働時間が長く、福利厚生は未整備のところが多いでしょう。

それでも社会的意義やインパクト、充実感、成功したときの報酬などを求めて、入社する人もまた多くいるわけです。

社会には、多様な個性を持った人々がいます。

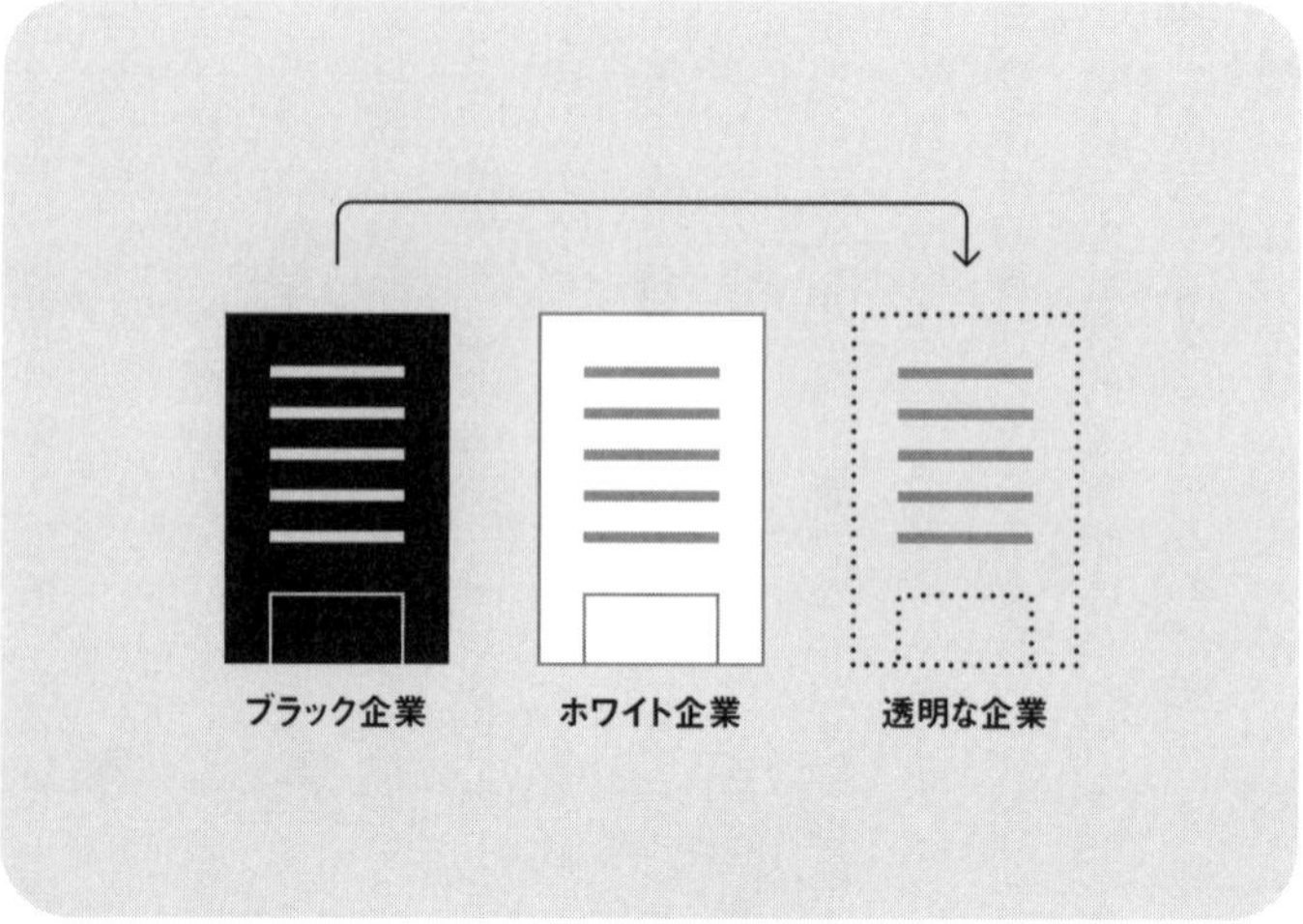

本当の意味でその個性を尊重するのなら、バリバリ働きたいハードワーカーがいても、早く帰りたい人がいても、どちらでもかまわないはずです。

情報は先にさらけ出したほうが勝ち

しかし、多くの会社はまだまだ情報をオープンにすることにビビっています。

ＩＲや採用ページをより良く見せたい。つまり、学生ひいては株主に良い顔をしたい。良い情報は盛って、都合の悪い情報はなるべくうやむやにしておきたい。けれども今は、どんなに情報を繕って、ウソをつこうとしても、かならずバレます。転職者向けの口コミサイトには、企業文化や働きやすさ、入社前後のギャップや退職理由などが書き込まれて格付けされていますし、匿名のブログやSNSで内部告発が行われています。

ならば、情報は「出した者勝ち」。しかも早くさらけ出したほうが勝ちです。

サイボウズもかつては「ザ・ブラック企業」でした。

成果至上主義を志向し、社員同士、事業部同士を競わせていました。当然、長時間働くのが当たり前で、「ついてこれない人は辞めてもらってかまわない」と公然と言っていました。

「そこからいきなりホワイトになれ」なんて言われても無理です。

だからこそ、まず目指したのは透明だった。そして、世間からの評価として「ホワイト企業」と謳われただけなのです。

以上が、サイボウズが捨ててきた理想であり、マネジメントの原点に立ち返り見つけた、組織の「最軽量なあり方」です。

最初から、現代のマネジメントの理想像が、実はもう古びたものになっていた、と気づけていたわけではありません。これまでの常識を頼りにマネジメントをやってみたら、うまくいかないことがたくさんあった。だから、「100人100通りの働き方」を実現しようと思った。

つまり、離職率28％から4％までの道のりがあったからです。

そして**その過程は、遅かれ早かれ、これからみなさんも歩む道かもしれない。**

ですから次章では、みなさんよりひと足先にサイボウズが歩んできた道のりを、良いことも悪いことも含めて、できるだけリアルに、公明正大に共有したいと思います。

CHAPTER 1 ／

サイボウズが捨てたマネジメントに関する6つの理想

CHAPTER

2

離職率28%から4%までの道のりサイボウズがうまくいかなかったときのこと

サイボウズの「これまで」は あなたの会社の「これから」かもしれない

離職率28％の会社から4％の会社へ。

サイボウズが経験したこの道のりは、これからの組織のあり方とは、マネジャーの役割とは何なのか仮説を立て、実験し、見つけていく過程そのものでした。

今この本を読んでいるみなさんも、十数年前のわたしやサイボウズと同じ不安や戸惑いを抱えているのではないでしょうか。

スタートアップとして創業したけれど、メンバーが急激に増えてきたことで、マネジメントが機能しなくなってしまった。あるいは大きな会社の中間管理職として働いていて、会社から成果を求められているけれど、部下のモチベーションを保つことができない。

このままずるずると「辞めたい会社」になってしまうのか。それとも「気持ちよく

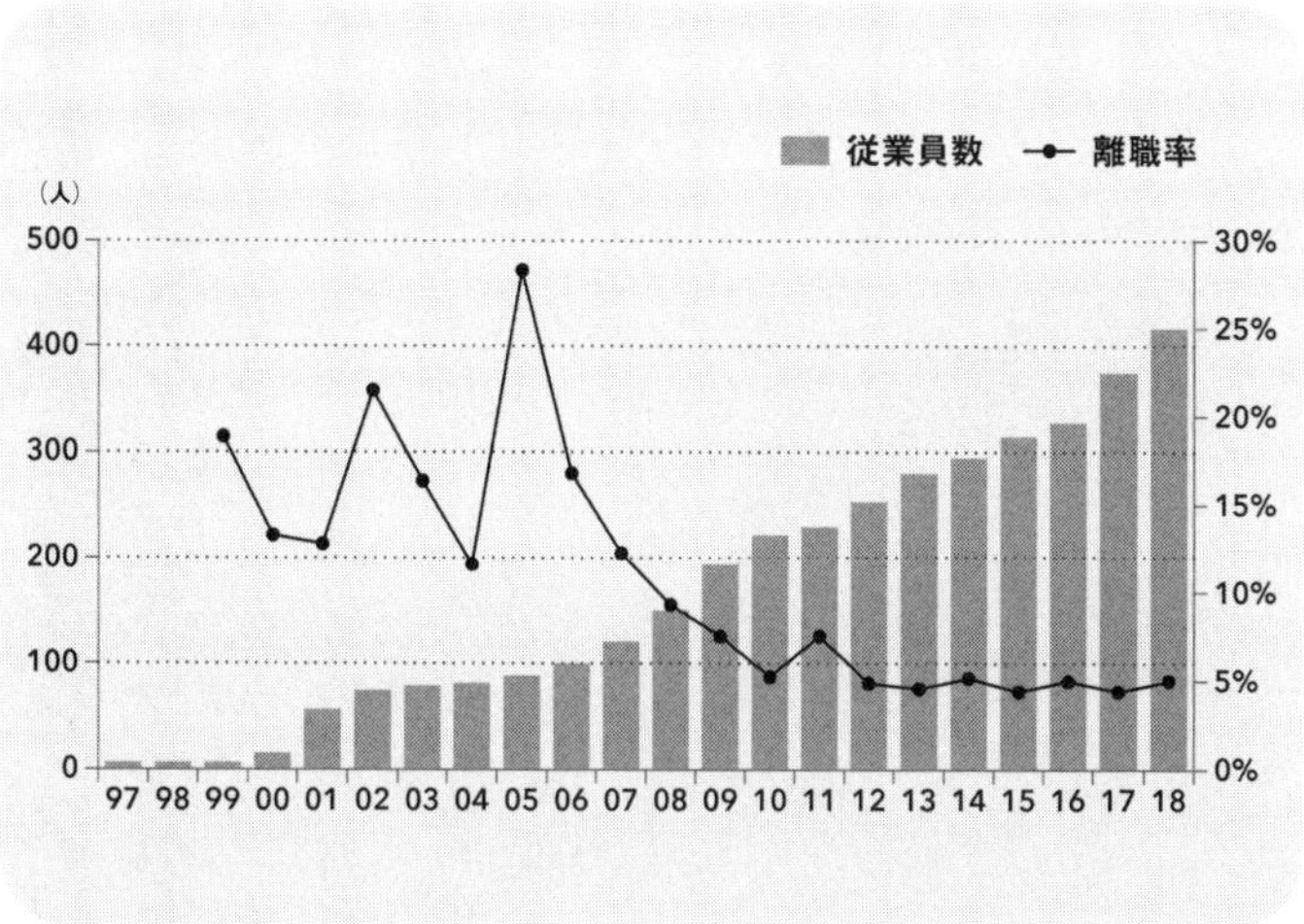

働ける組織」を目指すのか、今はその分岐点です。

サイボウズとわたしの「これまで」は、みなさんとみなさんの会社の「これから」かもしれない。

だからこそ、その過程を伝えることが、これからのマネジメントのヒントになればと思い、この章で数十ページを割くことにします。

十数年前、サイボウズはとてつもないブラック企業だった

サイボウズは現在、東証一部上場企業として約800名の従業員が働いています。日本国内8都市およびアメリカ、中国、オーストラリアなど5か国8都市に拠点やグループ会社をかまえるまでになりました。ユーザーは国内だけで約850万人。グローバルではアメリカで約350社、中国で約1000社、東南アジアで約400社の法人がサイボウズのグループウェアを使ってくださっています。

「100人100通りの働き方」を実現する——。

社員の個性を尊重すると、事業はなめらかに滑り出し、新製品の動きも軌道に乗り、業績も上がっていきました。「成果至上主義をあきらめた」にもかかわらず、です。

自社メディアの「サイボウズ式」を読んでいただいている人も多く、「サイボウズって働きやすそうだな、いい会社だな」という印象をお持ちの方も多いかもしれま

せん。ありがたいことです。

しかし、それは「今」の話。「以前」はまったく違った会社だったのです。

２００５年頃、ちょうど青野が社長になった直後のことです。

当時、サイボウズの離職率は28％を超えていました。つまり１００人いたら１年間に28人、会社の４分の１以上が辞めていくということ。毎月で割っても、１か月に２、３人が辞めていく計算です。

こうなると、おかしなことに２週間に１回のペースで退職者の送別会が開かれます。しかも、その会の雰囲気はとても喜ばしいものではなく、「最悪」の２文字。

社内は暗く、業績も頭打ち、と、まったく良い材料がありませんでした。

社員同士や事業部同士で競争させ、「何が何でも売上を上げろ！」と息巻くベンチャー企業でした。ギスギスした関係の中、みんな孤独な戦いを強いられていました。「ベンチャーなんやから、頑張るのは当たり前やろ」「なんでこんなこともでけへんの？」と、疲弊する社員へさらにハッパをかけていました。

このやり方は、間違っているのではないか？　このままでは、サイボウズの良かった部分まで失われてしまうかもしれない……。

そしてある日、わたしは青野にこう言ったのです。

「もう一度、会社を立て直そう」「やっぱり、良い会社をつくりたい」

青野とともにあらゆることを見直しはじめました。マネジメント方法や人事評価制度、働き方……当時、社員数は約130名。やり直すなら、ラストチャンスでした。

まだ、**どうにか「顔と名前が一致する規模」のうちに、会社の「風土」と「制度」を変えなければ、**と考えたのです。

もっと早く気づいていたら……振り返ると、そう思わなくもないのですが、わたしたちにとっては必要なタイミングだったのだと思います。

話は、わたしがサイボウズに転職する前までさかのぼります。

時価総額世界2位の銀行員時代
世の中の酸いも甘いも知った

わたしが大学を卒業して入社したのは、日本興業銀行（以下、興銀）。今は合併してみずほ銀行になり、実質的になくなってしまった銀行です。

とはいえ、バブル時の評価は「時価総額世界第2位」。時は1992年。特にやりたいことが明確にあったわけでもなかったわたしにしては、上出来の上出来です。

最初に配属されたのは、投資家に対して金融商品の仲介を行う市場営業部。法人向け融資がメインの銀行業務に携わるのは、4年目に広島支店へ異動してからのことです。

印象的だったのは、ゲーム会社「コンパイル」への融資取引でした。あのパズルゲーム「ぷよぷよ」シリーズを開発した会社です。

「ぷよぷよ」のヒット以降、急速に業績を伸ばし、どんどんファンが増え、幕張メッセで大々的にイベントを開催するほど、まさに熱狂のさなかにいました。

創業者の仁井谷正充さんは天才でした。一人の天才がいればこれほどビジネスは成長していくのか！　と実感しながら、わたしもそばでその熱狂を感じていました。

そんな中、「コンパイル」が新たにビジネスソフトウェア事業に乗り出したい、ということで、融資を申し入れられ、興銀がメインバンクを務めるまでになりました。

けれども、その熱狂は一瞬で消え失せたのです。

実は、ほかの金融機関とうまくコミュニケーションを取れておらず、融資が一斉に引き上げられ、お金が回らなくなってしまったのです。一気に資金繰りは悪化し、「ばよえ〜ん（※）」と経営破綻してしまいました。

あんなにお金を生み出していた「ぷよぷよ」の著作権は、セガに売却されました。

どんなに一人の天才がいて、すぐれたアイデアがあって、爆発的に商品が売れたとしても、ビジネスがうまくいくとは限らない――。「あぁ、これが経営というものなんやな」と身にしみて感じた出来事でした。

※「ぷよぷよ」で一定数以上の連鎖消滅が起こると流れる呪文

三木谷さん、藤田さん、南場さん、堀江さんに飛び込んだ時代

「ぷよぷよ」の悲劇の直後、わたしも「ばよえ〜ん」と東京に飛ばされ、メディア関連や情報通信系企業を担当する部署に異動になりました。

「これからの時代、大企業に貸付するだけではビジネスにならない。これから伸びそうな産業にアプローチしてほしい」と命を受け、ITベンチャーをリサーチし、投資やM&Aにつながるビジネスの種を見つけようとしていました。

時代はまさに1996〜98年。つまり、ITバブル前夜です。

創業したばかりのベンチャーへ飛び込み営業をかけていました。わたしと同じ興銀出身の三木谷浩史さん率いる「楽天（当時：楽天市場）」、藤田晋さん率いる「サイバーエージェント」、南場智子さんが立ち上げた「DeNA」……ホリエモン（堀江貴文）さんの会社はまだ六本木の雑居ビルにありました。

とはいえ、いきなり取引の話ができるわけではないので、興銀の本店の一角を借りて、ネットワーク懇親会のようなものを定期的に開いていました。

彼らはわたしとほぼ同世代です。まったく違う境遇ながら、野心的に本気でインターネットの将来を夢見る彼らの姿に、大いに刺激を受けました。

「ザ・日本の大企業」で典型的な組織の憂鬱を思い知った

興銀で働きはじめて8年近くが経ち、同期の中でもすこしずつ役職がつく人が出てきました。個人的には特に不満を感じる異動やキャリアを経験したわけではなく、とても恵まれたものでした。

しかし、さすが興銀、とも言うべきか、本当に賢い人はたくさんいて、小生意気にも「ウチの上司、ホンマでけへん」と、公然と話す人もいました。

けれどもガチガチの年功序列型の組織ですから、どんなに部下のほうが優秀でも、年次の上の人が課長になるわけです。

すると、優秀な部下から猛然と突き上げられます。「こんなこともできないんですか？」「なんであなたが課長なんてやってるんですか？」と。もはや、なかば人格否定に近いほどです。

課長が何かを指示しても、部下から正論で言い返され、何も言えなくなっている。あのいたたまれない様子……鬱に追い込まれて、会社に来られなくなった人もいました。

その様子を見ながら、心底実感しました。「これ以上、銀行は無理や」と。

もしわたしが優秀な部下を持つことになったら、きっとあの課長のように、何も言い返せないだろう。それでもなんとか耐えきって、課長、あるいは部長くらいまではいけるかもしれない。しかし、役員になんて絶対なれない。

結局、興銀に勤めた8年間、マネジャーになることはありませんでした。後輩こそいましたが、ずっと末端社員です。なのに、業界特有の慣習やルールに対していちいち突っかかる面倒くさい社員でした。

わたし「これ、やる意味あります？　なんでこんなことやらなアカンのですか」上司「山田、そんなこと言うても出世せえへんぞ」わたし「出世って、なんなんですか！　そんなこと言ってるくらいだったら、もっと変えていかなきゃあかんのちゃいますか」

振り返ってみても、だいぶ青臭いやつです。

というのも、わたしが憤りを感じていたのは、銀行業務そのものではなく「大企業の組織のあり方」だったからです。「それはそう決まっているから」と思考停止し、何も疑問を持つことなく、さまざまな慣習やルールを踏襲しつづけている。たとえば……

■隠さないといけないことが多い

社外秘だけでなく「部外秘」もある。上司とわたしの個人間でさえ内密にしておく事案もあった。社内外の検査部門から指摘を受けないよう、自己保身のためとしか思えない修正作業を指示されることも。その逆も然り。社員に伝えられない情報が多いため、「噂」として飲み会の席でまことしやかに伝わることも。ほとんどゴシップニュースを読んでいるような感覚。

■承認のプロセスが長すぎる

承認のプロセスに規則が多く、業務マニュアルも膨大。ひとつの承認を取るのに、どの規定やマニュアルに関係する記述があるのか探すだけで一苦労。そのため社内では、その知識をすべて覚えている人が「優秀」。けれどもそれは、覚えたところでほかの会社ではほとんど通用しない知識。

■規律やマナー

服装、独特の言葉遣い、ハンコの押し方、根回しの順序。数々の「お作法」。ただただ管理され、縛られている不自由な環境。

■キャリアや働く場所を自分で決めることができない

出世や異動は組織の論理が最優先される。結婚や家を買う予定が立てにくい。パートナーが働きつづけたくても転居先で新たに職を探すことが難しい。子どもが生まれ進学すれば単身赴任を余儀なくされる……。

■年功序列制

基本的には優秀であろうとなかろうと、理不尽な生活を耐え忍んでいれば役職につくことができる。ただ、そこにあるのは「会社からの期待」ではない。「そう決まっているから」昇進するだけ。制度の問題だけでなく、そもそも「年次が上の人が言うことは絶対」という雰囲気がある。

■経営理念やビジョンがよくわからない

末端の社員が、頭取……ほかの企業でいう社長に会う機会はほとんどない。1年に一度フロアに来られて、「あけましておめでとうございます。今年も大いに頑張ってくれ。よろしくお願いします」と挨拶をされ、わたしたちは「ははーっ！」と、まるで水戸黄門に出会ったみたいに、うやうやしく頭を下げるだけ。自分のまったく知らないところで、いつの間にか戦略や方針が決まり、経営理念やビジョンもよく理解できないまま、ただ給与をもらうために働く日々。

どうでしょうか。みなさんの中にも、ウンウンと頷いてしまう人がいらっしゃるのではないでしょうか。

「ザ・日本企業」と言える典型的な大組織の中で、既存のマネジメントの限界をわたしも肌で感じたのです。

そして、何のためにこの会社で働いているのか、会社における自分の存在価値を見い出せずにいたわたしに、衝撃的なニュースが飛び込んできました。興銀がほかの銀行と合併し、ひとつになるというのです。

なんだかんだ言いながら、多少なりとも……いや、自分が思っていた以上に、興銀に恩義を感じていたことに、ハッと気づきました。わたしのような出来の悪い社員にもきちんと給与をくれて、かわいがってくれた銀行です。もうちょっと頑張って、恩返しをしなきゃいけない借りもたくさんあると思っていました。

それなのに、興銀が……日本興業銀行が、なくなる——。

もはや、そこにわたしのいる意味はなくなりました。

インターネット時代の夜明けに未完成の「サイボウズ」に出会った

ちょうどその頃、東京では局地的なムーブメントが起こっていました。

「これからインターネットで、世の中を変えよう！」

１９９９年、渋谷で毎月開催され、界隈で「ビットバレー」と呼ばれたイベントには、毎回１０００人以上の人々が集まっていました。

目を輝かせるネットベンチャー企業の経営陣と、それに群がる金融機関や投資家たち、ベンチャーキャピタル（投資会社）。

石原慎太郎東京都知事（当時）や日本銀行の速水優総裁（当時）なども参加し、ソフトバンクの孫正義さんがダボス会議（世界経済フォーラム）に出席したあと、チャータージェット！　で駆けつけたこともありました。まるでバブル景気が再来したような熱気の中、さまざまな人と人が出会い、熱くインターネットの未来を語り合っていたのです。

同年代の、20代30代の起業家たちが、「夢のような未来」の話を、あくまで現実的なビジネスとして目を輝かせながら語っている――。

メールが返ってくる時間だって、当然深夜です。必死に、しかしワクワクしながらハードワークしている彼らに対し、わたしときたら、どうでしょう？

彼らよりもおそらく給与は多いし、社会的なステータスもある。けれども自分の存在価値を見い出せないまま、「死んだ魚の目」をして働いていたのです。

結婚して、長女が生まれたばかりの時期でした。

子どもが大きくなれば、もっと身動きがとれなくなるでしょう。「お父さんはおまえのために、イヤでイヤでしょうがなかったけど、我慢して働いて、おまえを育てたんや」なんてことを言う親父には、絶対になりたくありませんでした。

なりたく、ありませんよね？

じゃあ、やりたいことをやろう。

興銀もなくなるし、辞めるんだったら早いほうがいい。起業でもしようか？

先輩と毎晩、銀行の喫茶室で、ああでもないこうでもないと話し合うようになりました。これからはインターネットだ。

けれども、アイデアの断片を友人に打ち明けたところ、一蹴されました。「そんな愚にもつかないビジネスモデルで起業なんて、無理だろ。しょせんは銀行員なんだから、新しいビジネスなんてつくれるはずがない」と。

その代わりに、彼はわたしに提案してくれたのです。「まだできたばかりで、人も全然いないんだけど、すごくいい会社があるんだ。紹介させてくれない？」それが、サイボウズとの初めての出会いでした。

忘れもしない、１９９９年の12月６日。サイボウズの創業社長、高須賀宣さんを紹介されました。すぐに意気投合して、翌週には大阪へ行き、創業メンバーの畑慎也、そして現社長である青野慶久の３人と会って話しました。

わたしの決意は確かなものになりました。この人たちと、一緒に仕事がしたい。絶対に。12月24日にはもう、上司に「すみません、銀行、辞めさせてください」と直談判し、その１か月後には銀行を辞め、サイボウズへ入社しました。

青臭いベンチャーに半沢直樹の世界のわたし

どうして、わたしがサイボウズで仕事がしたいと思ったのか。

彼らがやろうとしていた事業、ビジネスモデルに惹かれたことも確かです。ＩＴの力で世の中を豊かにする。グループウェアには市場があって、将来性もある。

しかし、末端の銀行員だったわたしにわかるＩＴといえばExcelだけで、本当の意味でそのすごさを理解できてはいませんでした。なんか夢があるなぁ、とぼんやりしたものです。

ひとつだけわかったのは、彼らがとにかく「公明正大」で、真面目だ、ということでした。

わたしとは、歳もそれほど変わらないのに、こんなことを話すのです。

「会社は社会の公器、公の器なんです。『売上』という形でお客様からお金をお預かりして、預かったお金でより良いものをつくって、またお客さんに提供する。そしてまたお金を預かって、より良いものをつくって……そうやってお金を循環させ、永続的に社会貢献していく。それが会社であり、ビジネスなんです」

青野は愛媛県今治市、高須賀さんは松山市出身。もともと松下電工（現パナソニック）に勤めていたこともあって、創業者である松下幸之助の経営哲学をとても大切にしていました。

「この人ら、ホンマか」

それまでわたしが生きてきたのは、まさに『半沢直樹』の世界でした。

当時、小説が発表されていたわけではありませんが、物語の主人公である彼は「1992年に銀行へ入行した」設定（ドラマ版）です。そう、わたしは彼とほぼ同期なのです。

内定承諾直後、大阪の料亭の女将に関する事件で、連日、ニュースでは自分が入行する銀行の不正が取り沙汰されていました。

入行1年目、バブルが崩壊していく中、いきなり当時の専務が背任容疑で逮捕されたり、大蔵省や日銀の監査が入ったりするたびに「書類、ダンボールに詰めろ！」と言われ、何が何だかわからないまま、みんなで倉庫や独身寮に持っていくのです。バブルの崩壊とともに、それまでお金のため保身のためについてきた嘘が、マグマのように噴き出していく光景……。

サイボウズの3人に会って、心底思ったのです。

「お天道様のもと、道のど真ん中を堂々と胸を張って歩けるって、ホンマにええなぁ。もしこれで転職してうまくいかんかったとしても、ええわ。この人らにダマされるんやったら、それも本望やな」

2000年1月、設立2年半。まだ創業メンバーを合わせても10名を超えたばかりのサイボウズに、わたしは入社しました。

むちゃくちゃな賭けではありましたが、彼らを信じて本当によかった。そう思います。あのとき熱く話したことをよく覚えていますが、まるで少年のように目を輝かせていた青野の印象は、50歳を前にした今でも変わりません。

「成長成長成長」「スピードスピードスピード」「倍倍倍」のベンチャー時代

サイボウズに入社して与えられた役割は、創業メンバー3人で成り立つ経営陣に、4人目のメンバーとして加わることでした。

肩書きは「CFO（最高財務責任者）」です。カッコいい響きですが、部下はだれもいません。「最高で最低でもある」財務責任者です。（まもなくメンバーが増え、晴れて「最高」になりましたが）

財務を見ているうちに上場準備をすることになり、法務の知識が必要になり、内部統制のためのルールづくりをするようになり、証券会社や監査法人との書面のやりとりなども行うようになりました。ビジネスが順調に伸びていくのに従って社員を採用しなければなりません。人事として採用活動も行うようになりました。

つまり、開発と販売以外は何でもやるような感じです。

管理部門全般を一手に引き受けながら、すこしずつ社員を採用し、自分のチームとなるメンバーも増えていきました。

あの頃から丸20年。本当にたくさんの葛藤と実験の繰り返しがありました。

20年前のサイボウズは「イケイケ」のベンチャー企業でした。

「成長成長成長」「スピードスピードスピード」「倍倍倍」が当たり前。夢はでっかく、「マイクロソフトが」とか「ＩＢＭが」とか、大企業と戦って「世界一になるぞ」と大真面目に掲げていました。

当然、毎日遅くまで働きます。残業という概念すらありません。

「家なんて帰らんでもいいやろ」「ぼくらが目指してんの何やったっけ」「こんなところでウダウダしてる場合じゃない」「とにかく働いて働いて働いて、休み返上して成長するねん！」

どうでしょうか。みなさんも若い頃、頭の中で一度は似たようなセリフを言った、もしくは、だれかに実際に言われたことはないでしょうか。

売上も順調に伸び、仕事も次から次へと入ってきて、やりたいこと、やらなければいけないことがどんどん増えていく。人もどんどん増やしていかなければいけない。

毎月のように人を採用して、なんとか仕事を回して、それでも全然足りないからまた人を採用して……。既存社員のフォローをしているヒマはありません。

ベンチャーに入ってくるような人も、相当なクセ者揃いです。「わたしはこういうやり方でこれまでやってきた自負がある。この会社でもそれを存分に発揮して、圧倒的に成長したい」——。そんな人たちばかりです。

わたしがマネジャーとして業務を指示しても、「イヤです、こっちをやりたいです」「前の会社ではこうしてましたよ。絶対こっちが正しいです」「成長するためにベンチャーに来たんです！　もっと難易度の高い機会を与えてください！」みたいなことばかり言われます。

「えぇ……？　全然マネジャーの言うことを聞いてくれへん！」

戸惑いながらも、わたしは彼らと対峙するため、「厳しく強いマネジャー」になるしかありませんでした。

ただ、会社の業績としては右肩上がりの時代だったので、チームの雰囲気は決して悪くはありません。「忙しいし、しんどいけど、ベンチャーってこんなもんやろ。成長しているし、夢があるから、別にいいやん」と、みんな同じ方向を向いていました。

ちょうどその頃、中小企業向けグループウェアの「サイボウズ Office」が爆発的にヒットし、「サイボウズ ガルーン」をはじめとする新規事業も立ち上がりました。組織は100名規模となり、成長路線に向かってひた走ります。2003年から2005年の間に、社員は200名規模になりました。

わたしは管理部門のトップとして、ルールづくりを強化しました。大きく成長しようとしている組織をルールと規則で統率しよう、と考えたのです。

その大きな方向性としては、成果主義の強化。そう、「成果至上主義」です。

悪魔の成果至上主義「Up or Out」

成果至上主義がもっとも反映された「鬼」の評価制度。

それは「Up or Out」——。

社員を相対評価し、下から2％の人に対して、無慈悲な宣告を行うのです。

「あなたは会社が求める水準に達していません。ついて来れないなら、辞めてください」「もう、必要ありません。成長できる人だけ残ってください」

あんなに興銀時代、縛られることが嫌いだったわたしが、まさかルールをつくる側になるとは。しかも、こんなに極端なものを……。

今思うと、「何してんねん！」と頭をはたいてやりたくなりますが、当時は大真面目だったのです。

前職で経験した失望を反面教師にしていました。「年功序列」によって、能力とは関係なく偉そうにしている人たち。自分の地位を守ろうと保身にだけ必死な姿……。

サイボウズは、創業当初から「カリスマ社長とそれを支える社員たち」といったチームではなく、それぞれの職能を活かし、それぞれの持ち場で最大限の力を発揮しよう、自分たちが成長して成果を上げていこう、という会社でした。

だから、とにかく年齢問わず、成果で、人を評価したかった。ちゃんと頑張って、成果を上げてくれる人を評価したかったのです。そのためには明確に評価できる基準が必要でした。

答えは簡単でした。「業績」です。

とにかく効率的に成果を出すため、チームを管理し、ルールで統制を図り、評価制度を整備する——。そうしているうちに、だんだんと勘所がつかめてくるのです。

「なるほど、こうすれば便利なんだな」「こうすれば、人は必死になって努力しようとするんだ」

そう、「神」の視点です。

反発する社員に対し、「イヤなら辞めてもらっていいから」「これが会社の方針だから」と、まるで神……いや悪魔のように人を切り捨てる自分がいました。

当時つくった悪魔のルールは、ほかにもあります。

社員の階層をα、β1、β2……とランク分けして、優秀な人は短期間で「バージョンアップ」できる制度でした。社員の「バージョン」は一覧表によって社内に公開されていました。「バージョン」ごとに給与のレンジが紐づいていて、「バージョンアップ」するごとに一律60万円ものお金が加算されました。つまり、どの社員がだいたいどのくらい給料をもらっているのかが、だれでもわかるようになっていたのです。

では、どうすればランクアップできるのか。

自分でミッションを宣言し、ミッションを全部クリアしたら60点、それに本部長が持つ30点、さらに360度評価で10点の、計100点。この総得点を社内で相対評価をして、「バージョンアップ」するかどうかを決めるのです。

しかも、高いバージョンを持っている人には「個人予算」も配分され、個人の裁量でメンバーのモチベーションアップなどに使ってもいいことになっていました。ある事業部にいるメンバーはみんな高いバージョンを持っていたので、毎月のように飲み会を行っていたようです。

実に明快な実力主義。

自ら掲げたミッションをクリアし、成果を上げた者はランクアップして、能力給をもらえる。頑張ってしっかり成果を出せば評価につながるのですから、とてもいい制度だと思いませんか？

すくなくとも当時のわたしは、そう信じていました。

けれども……お察しのとおり、うまくいくはずなんて、ありませんよね。

行きすぎた成果至上主義は、大きな歪みを生みます。

たとえば、勤務時間。オフィスにはあちこちに寝袋が転がっていたり、会議室のソファでだれかが寝ているのが当たり前の光景でした。徹夜で仕事をするのがデフォルトです。

バイクで出社して、朝8時まで仕事をして、いったんごはんを食べに帰ったあと、朝10時にまた電車で出社する人もいました。「ずっと会社で仕事をしていたほうが給与も増えるし、成果も出すことができる。そのくらい必死で頑張らなければならない」。そんな意識が蔓延していました。

今ならこんな会社、だれが働いてみたいと思うでしょうか？

離職率28％生まれたのは「会社ってなんだろう？」という疑問

当時、サイボウズの組織は事業ごとに部署を立ち上げ、独立採算制をとっていました。稼ぎ頭は中小企業を対象としたグループウェアの「サイボウズ Office」。特に施策をしなくても媒体に取り上げられ、売上は大幅に伸長を続けていました。当然、Office事業部に所属するメンバーには多額のボーナスが与えられました。

一方、立ち上げたばかりの新規事業、大企業向けグループウェア「サイボウズ ガルーン」を担当する事業部は、予算未達成で売上もシビアな状況。ボーナスなんてとんでもない話です。所属しているメンバーは全員、ボーナス０円でした。

すると、不満の声が上がります。

「Officeが売れるのは当然じゃないですか。こっちは新規事業でリスク取って必死に仕事しているのに、全然評価してもらえないんですか？」「ここにいる限り損するだけです。Officeに転籍させてもらえませんか？」「あいつら、なんで大した苦労もしてないのにボーナスもらってんねん」「おれらはこれだけ必死で新規事業立ち上げているのに」

……会社はますますギスギスしていきました。

そもそも、なぜ事業部制にしたのかというと、社内の競争意識を煽ることで事業成長にドライブをかけていこう、と考えたからです。

開発部、マーケティング部、営業部と職能によって組織編成すると、それぞれの目的がズレてしまう。だから、事業ごとに職能の異なるメンバーがチームとして集まり、ひとつの事業という同じゴールに向かって切磋琢磨してくれれば、各事業部が競い合うように成長していけるはずだ、と。

しかし、サイボウズの中でも大きな2チームのいがみ合いは、会社全体にすこしずつ悪影響を及ぼしはじめました。

Office事業部のほうも、「自分たちでうまくいっている施策を教えてあげよう」とはなりません。

事業部制ですし、相対評価ですから、自分たちさえ、というか、自分さえうまくいっていれば、給与は上がるしボーナスももらえる。逆に、他人に協力しようものなら、自分の評価が相対的に悪くなる可能性があるだけで、何の得にもならないのですから。

こうして、本来横展開できるはずのコンテンツやノウハウをシェアすることができず、どんどん無駄が増えていきました。

そして2005年、サイボウズに転機が訪れます。

創業からずっと社長を務めてきた高須賀さんが「新しいことを始めたい」と、サイボウズを去ることになりました。

けれども、会社には残される社員がいます。やるべきことはまだまだあります。彼を引き継いで社長を務めることになったのが、現社長の青野でした。

社長就任後、手始めに仕掛けたのが、M&Aです。事業成長の伸び悩みを他企業の買収でカバーしよう、という戦略でした。

1年半ほどの間に9社も買収しました。300名ほどだった社員数は連結で一気に800名ほどになり、売上も30億円から連結で120億円規模に、時価総額も約300億円から一気に1200億円ほどになりました。

外から見れば、売上は上がり、株価は上がり、組織も大きくなりました。成果至上主義を前提にすれば「大成功」です。

けれどもその実、社員にはこう受け取られていました。

「見たことも聞いたこともない会社がグループ会社になる」「何をやっている会社かもわからないし、なんでその会社をサイボウズが買収したのかわからない」

……もはや、カオスです。

すでにバラバラになっていたサイボウズというチームが、決定的に求心力を失うのに、そう時間はかかりませんでした。

どんどん社員が会社から離れていきます。一人、また一人と辞めていき、2週間に一度は送別会を行うようになりました。

あげく、買収した子会社もうまくいかず、赤字を出し、買収すればするほど利益が削られていく。二度連続で決算の下方修正を余儀なくされ、株価も大暴落。新規事業を立ち上げる余力もモチベーションも削がれ、もはや会社としての一体感はなくなりました。

会社って、何だろう。何のためにあるんだろう……？

そんな状況にまで行き着いてしまったのです。

入社して以来、マネジャー未経験ながら、やるべきと考えたことをがむしゃらにやり、事業成長にともない、組織を拡大してきました。この間、まったく経験も知識もありませんでしたが、2000年のマザーズ上場、2002年の東証二部への市場変更を経験し、とにかく成果を優先させてきました。

はじめは10人程度の社員数だったのですから、単純計算にしてわずか6年でその100倍に組織がふくらんだことになります。

毎年、前年比200%の売上目標。それを達成するために各事業部へ目標数値を配分。それを実現するために必要な施策を各事業部の裁量で実施。

組織だけでなく、社員も成長しなければ、到底達成できません。だからこそ、競争原理を導入し、評価制度を整備した。それが「2回E判定を取ったら、退職推奨」という制度です。

とにかく組織も人も売上も「成長すること」「成果を出すこと」が正義。すべてはそのためのプロセスでした。

けれども、その終着地が離職率28%という、壊滅的な状況だったのです。

業績は、問題の「隠れ蓑」になるでも頭打ちになったらどうするのか？

ここで一度、みなさんにお聞きします。

今みなさんが置かれている状況は、つくられたばかりの少人数のチームでしょうか、成長の過渡期でしょうか、それとも組織が拡大してしまったあとの状態でしょうか。

会社や事業や組織の責任の一端を担う人に、これだけは、肝に据えてほしいことがあります。

業績は、上がっているうちは問題の「隠れ蓑」になります。でも、頭打ちになったらどうしますか？

数字が伸びているうちは、組織の課題に目を向けるヒマなんてありません。というより、業績がすべてを正当化してくれます。

「あの人のやり方はどうかと思う」といった大なり小なり、さまざまな不平不満を聞くことはありました。けれども、**会社として成果が出ている以上、だれもそれが「悪い」とは言い切れない**のです。

わたしたちも、あくまで個々のコミュニケーションの問題で都度対処すれば問題ない、そう考えていました。

しかし、成果至上主義にはとてつもなく大きな落とし穴がありました。

「成果が出なければ何の見返りもない」ということです。

業績が頭打ちになると、それまでに**生まれた歪みや鬱憤が、まるで逆噴射するように顕在化**していきます。

買収した子会社の業績が芳しくない。株価が下落して、ストックオプション（従業員の自社株買い）がインセンティブとして機能しなくなる。頑張っても頑張っても業績が上向かない。当然、社員たちはボーナスも得られず、思うように報酬を得られなくなる……。

すると、もう社員たちがこの会社に所属する理由はなくなります。人が次々に離れていきます。

折しも、2006年1月には「ライブドアショック」と呼ばれる株の暴落が起き、

ＩＴ関連株は軒並み大打撃を受けました。

サイボウズも例外ではありません。わたしは子会社の社長という立場で、なぜ赤字になってしまったのか、業績を回復させる見込みはあるのか、そうでなければコストを削減して、すこしでも利益を確保する方策はないのか。「鬼の理詰め」で事業に取り組む部長たちを追い詰めました。

いわゆる「リストラ」です。

事業成長が踊り場に達したところで、「このままのやり方では限界なのかもしれない」そんな疑問がすこしずつ首をもたげてきました。

「サイボウズの成長のため」という大義名分の下、メンバーが不満をぶつけて辞めていったり、病気になってしまったり、ある意味「会社の犠牲」になりつつある状況を、見て見ぬ振りをするわけにはいかなくなりました。

そして、決定的な出来事が起こりました。

子会社の社長としてリストラを行っていたとき、ある社員が心身の不調を訴え、退職することになりました。そしてその1年後、一人きりで亡くなっていたことがわかったのです……。

わたしは「会社は公器である」という言葉に共感して、サイボウズに入社しました。お天道様のもと、道のど真ん中を堂々と胸を張って歩けるような仕事がしたい。世の中のため、人の役に立って、感謝してもらえるような仕事がしたい――。そう考えていたのです。

その思いは、結果として、ここにつながってしまいました。

「成果を上げる」ことは、それだけお客様に求められ、感謝されることだと、信じていた。けれども、その「成果を上げる」力となる社員が、どう働きたいのか、どう生きたいのか。その視点がすっぽりと抜け落ちてしまっていた。

結末は、最悪で、不幸で……あまりに残酷でした。わたしは、彼を追い詰めたという「十字架」を背負って、一生生きていかねばならなくなりました。

何の言い訳もできないくらい、当時のサイボウズは、紛れもなくむちゃくちゃなブラック企業でした。

会社の成果至上主義から、社員の働きやすさ至上主義へ

「もう、何やってんねん、アホや……」

本当に、本当に取り返しのつかないことです。わたしは青野に、こう打ち明けました。

「やっぱり、『良い会社』をつくりたい。みんなが働きたいと思えるような会社を、もう一度つくりませんか？　今ならサイボウズ本体にいる社員は130人くらい。まだ間に合うはずです」

青野は青野で、予定通りM&Aをして事業領域を広げたものの、やはりサイボウズは「グループウェアの会社」だ、創業当初の思いに立ち返るべきだ、という考えを持っていました。

ただ、上場企業である限り成果至上主義は避けられない、と自分の気持ちを抑えていました。けれども、ふたりで話し合う中で決めたのです。

「もうこれ以上、社員たちに無理を強いて、時価総額や売上で世界一を目指すのはやめよう」「社員同士を競い合わせるのはもう終わりにしよう」**「成果至上主義をあきらめよう」**

そして、自分たちの創業事業であるグループウェアに注力してお客様に喜んでもらう、というビジョンを確認し合ったのです。

これまでやってきたマネジメントやルールづくりは、これまでの世の中で「良し」とされてきた施策を取り入れ、徹底的にやってきたものでした。

でも、うまくいかなかった。

それなら、ゼロベースで考えよう。

みんなが働きたいと思える会社にしよう。そのためには何が必要なのか、それを支える制度やマネジメントはどんなものか……。

改めて「理想の会社像」を深く問うように、じっくりと考えていったのです。まさにそれは原点回帰であり、第2の創業期へ向けての第一歩。

目指したのは、「100人100通りの働き方」でした。

CHAPTER 2 ／

離職率28％から4％までの道のり
サイボウズがまくいかなかったときのこと

CHAPTER

3

みんなの考えていることが見えなくなったときこそ「ザツダン」

カリスマ的リーダーあきらめて、始めてみたのは「ザツダン（雑談）」だった

もう一度、会社を立て直そう。

そう決めて、わたしが最初に取り組んだことは**「全従業員と話す」**ことでした。

Office事業部とガルーン事業部の対立から、組織編成の見直しをしたサイボウズは、いったん、この2チームを統合し、「エージェント事業部」というひとつの組織にまとめることにしました。

けれども、もとはと言えば社内でも指折りの仲の悪さ、水と油の2チームです。うまくいくはずもなく、だれもその取りまとめをやりたがりません。

当時、わたしは管理部門の長を務めていましたが、紛糾する経営会議の雰囲気がいたたまれず、つい手を挙げてしまいました。「……わたしがやりましょうか?」と。

そしたら「どうぞどうぞどうぞ」と、まるであの有名なコントの流れで、わたしが

エージェント事業部の事業部長を務めることに決まったのです。

人数でいうと、90名ほどの比較的大きな組織。事業部長であるわたしのもと、職能別に部門長がいました。開発部長、SE（システムエンジニアリング）部長、マーケティング部長、営業部長……それぞれが各分野の専門知識を持ったプロフェッショナルです。

わたしはそれまで、財務と人事と管理……と銀行員は経験してきましたが、営業もマーケティングも、開発についても門外漢です。意思決定は、彼らとわたしが一堂に会する「最高会」という機関で行うのですが、当然、わたしがまともに意見できることなんて、ほとんどありませんでした。

もしわたしがカリスマリーダーになろうとしていたなら、営業と一緒にお客様のところへ行って、マーケティングの知識を身につけて、開発のことも理解して戦略を立てて……と現場に入っていったでしょう。

しかし、わたしは割り切りました。ある意味、あきらめたのです。自分がこれから時間をかけて何かを身につけるより任せてしまったほうが早い、と。

あきらめたあと、どうなるか。

本当にやることがなくなるのです。やることといえば、揉めごとに対応することくらい。毎日とは言いませんが、当時はしょっちゅう、どこかでだれかがぶつかっていました。

そこで、気がついたのです。**「これ、事業部内のレポートライン（意思伝達経路）がどこかおかしいんじゃないか」**と。

当時の組織の構成はこうでした。

事業部長のわたしがいて、部門長がいて、その下にマネジャーがいて、部署によってはさらにその下にリーダーがいて、最後にそれぞれのメンバーがいるくらいの階層組織。

つまり、階層が深すぎて、レポートラインがほとんど機能していなかったのです。自分が直接レポートを受けるのは部門長の数人からだけ。

わたしの能力不足のせいも大いにありますが、これだけ階層が複数になると、レポートの粒度は粗くなり、現場が一気に見えなくなります。何か問題が起きても、「みんなが疲弊していて」「みんなが反対していて」「みんなが……」こんな声しか聞こえてきません。

わたしはこう思ったのです。

「だれやねん、みんなって？」

疑問に思って聞いても、だいたい「AさんとBさんとあとそのあたりの何人か…」のような曖昧さです。

一人ひとりが見えない。これは問題だ。

そして、はたと気づいたのです。**「『みんな』がだれかわからないと『みんなが働きたいと思える会社』も、どんなものなのかわからない」**と。

そこでわたしは、こう決めたのです。

「90人の社員全員と、雑談しよう」

忙しい部長たちの手間は取らせず、メンバーの業務の邪魔にもできるだけならないよう、「月に1回30分だけ全員と雑談をさせてください」と、部長たちから承認をとり、おおよそ3か月間、全社員と話し続けました。役職を持つ人とは、さらに頻度を高く、週に1回、期間も伸ばし、1年ほどやり続けました。

月の営業日が20日として、90で割ると1日4～5人。時間にして4時間弱。

来る日も来る日も「ザツダン」と称された予定で、わたしのスケジュールが埋め尽くされます。社外の人に「山田さん、今どんな仕事をされてるんですか？」と聞かれ

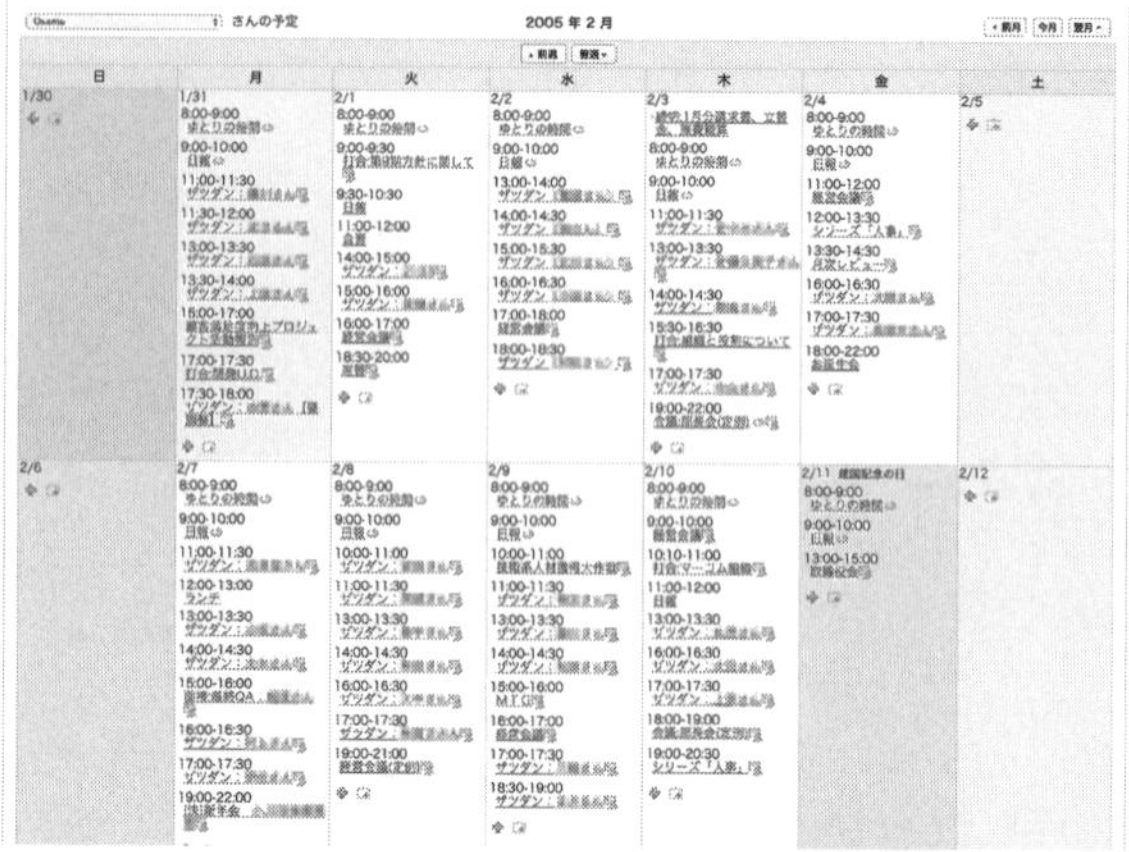

当時のスケジュール

て、「雑談です」と大真面目に答えるくらい、全力投球していました。

「ザツダン（雑談）」でマネジャーの「視力」を上げる

「ザツダン」とはいったい何かを、簡単にお伝えします。

そもそも、たいていの会社のレポートラインは、ピラミッド型の階層のとおり、裾野に位置するメンバーから課長へ、複数の課長から部長へ、複数の部長

サイボウズ式ブックス

へんしゅうぶだより。

編集部員たちのつぶやき

サイボウズ式ブックスは、チームで働く人々が、より新しい枠組みを考えられるきっかけとなるような本を、ていねいにつくってまいります。早速ですが、第1作目『最軽量のマネジメント』に関わった編集部員から、読者のみなさまにごあいさつさせていただきます。

大槻 幸夫 Yukio Ohtsuki

編集長の大槻です。「サイボウズ式」が出版も始めました。ネットと違い本には「ワンパッケージでまとまって学べる」という良さがあります。これからの働き方を考えるためのトピックを模索して出版していきます！

小原 弓佳 Yuka Ohara

編集部の小原です。今回の副社長山田の書籍は、1年以上の準備期間を経て、第1作目として出版することができました。組織の中で板挟みとなり悩む方々にとって、ヒントとなる本になれば嬉しいです。

明石 悠佳 Yuka Akashi

編集部のあかしです。今の社会や会社にある「あたりまえ」を、やさしく解放できる本を作っていけるといいなあと思っています。これからサイボウズ式ブックスをよろしくお願いします！

高橋 団 Dan Takahashi

新卒一年目編集部の高橋団です。入社して初めて携わった大きな取り組みが、このサイボウズ式ブックスでした。まだまだできることは少ないですが、たくさんの方に読んでいただけるように頑張ります！

サイボウズのこれまでの本

チームのことだけ、考えた。

サイボウズはどのようにして
「100 人 100 通り」の働き方ができる会社になったか

ライフスタイルに合わせて働き方を変えられる「ウルトラワーク」、転職や留学後の復職を認める「育自分休暇」など、多様な人事制度で知られるサイボウズ。その創業期からの奮闘と、組織作りのノウハウに迫る。（定価：本体 1,500 円＋税　発行 ダイヤモンド社）

会社というモンスターが、僕たちを不幸にしているのかもしれない。

成果ではなく年齢で決まる給与・役職や、果てしない残業、転勤など「社員を我慢させて働かせる仕組み」で回ってきた日本の会社。そんな会社にあなたが今いるとしたら、どうすべきか？——その答えは、ぜひ本書を読んで導き出してほしい。（定価：本体 1,500 円＋税　発行 PHP 研究所）

働きやすさを考えるメディアが自ら実践する、「未来のチーム」の作り方

チームワークや働き方の価値を伝え続けるメディア「サイボウズ式」が、自分たちで実践している「次世代型チーム作り」の秘訣を伝授。時間と場所に縛られない「自由な働き方」を実現させる「オンラインコミュニケーション」の活用方法とは——？（定価：本体 1,500 円＋税　発行 扶桑社）

「サイボウズ式ブックス」
Facebook コミュニティ

読者の方と書籍企画のディスカッションをしています。

「サイボウズ式ブックス」で検索

サイボウズ式

サイボウズ式はウェブでも記事を発信しています。

cybozushiki.cybozu.co.jp

感想はこちら

から本部長へ……と、下から上に集約されていきますよね。

もちろん、その逆も然り。上層部の意向や指示は、本部長から複数の部長へ、部長から複数の課長へ……と、上から下へ広がっていきます。

しかし、果たして、この「伝言ゲーム」で、もともとその人が伝えたかった意図やニュアンスは正しく伝わるのでしょうか。

多かれ少なかれ、このプロセスで抜け落ちてしまう情報はかならずあります。

その**こぼれ落ちてしまった情報を拾い集める仕組みが「ザツダン」**なのです。

似た仕組みに、グーグルやフェイスブックなどシリコンバレーの会社がこぞって行う「1on1」というものがあります。それに近いイメージを持つ人も多いかもしれません。

「1on1」といえば、メンバーが直面する業務上……場合によってはプライベートのこともありますが、課題や悩み、目標などを聞き出し、それに対して上司がコーチングやフィードバックを行い、より適切な方向へ導くためのコミュニケーション技法です。

一方、「ザツダン」は、言葉通りもっともっと「雑談」に近いもの。

アジェンダ（会議事項）は必要ありません。月に1回（役職者は週に1回）、30分という時間の枠だけがあります。

話すことは、業務報告やプロジェクトの進捗ではありません。その人が抱えるモヤモヤを把握してあげることであり、やりたいことやできることを確認すること、メンバーの個性やモチベーションを知ること。

やってしまいがちなのが「説教」です。しかし、これはもっともダメです。

わたしもついメンバーを詰めてしまいがちです。サイボウズにもこんなギャグが定着しています。

「理さんに詰められて、雑談が『殺談』になった」

…お恥ずかしい限りです。ですから、繰り返し繰り返し、自分に言い聞かせています。「人の考えを変えようとするなんて、おこがましい」と。

「要望や不満を聞いてしまったなら、具体的になんとかしてあげなきゃ」と、つい準備不足のままアドバイスを言ってしまう人もいるでしょう。責任感のある、やさしい先輩なら、なおさらです。

しかし、「ザツダン」はあくまで、「メンバーが話すための時間」です。

重要なのは、その30分が「マネジャーのため」ではなく「メンバーのためにある時間」である、ということです。

本当の「事実」と「解釈」を浮かび上がらせるには？

とはいえ、「なんでもいいから率直に話そう」と上司に呼びかけられて、みなさんすぐに話せますか？　……無理ですよね。わたしもイヤです。

特にわたしが「ザツダン」を始めた頃は、ギスギスしていて、業績も伸び悩み、組織全体に停滞感がありました。

「1対1の時間なんて何か直接、叱咤されるのだろうか」とビクビクする人、「やらなきゃいけないことはたくさんあるのに、なんで今山田さんと雑談しなきゃいけないの?」と反抗的な態度をとる人もいました。そもそも、わたしに対して好感を持っていません。

するとやっぱり、「いや、問題ないですよ」「うーん、特にないですね」と、なんだか奥歯にものが挟まったみたいな答えが返ってきました。

そりゃそうですよね。わたしと直接利害関係があってもなくても、「今これを言ったところで何も変わらないよな」とか「もしだれかを悪く言ったら悪影響があるかも」とか、なかなか本音で話すことはできません。

しかし、わたしはこう考えます。**「本音をしゃべれないのは当たり前、しゃあない」**と。

だからこそ、マネジャー自身が「全員」と1対1で話すことに意味があるのです。

根気よく、「最近どう?」「どんなことやってんの?」「何か困ってることない?」と続けていると、あるとき、Aさんがポロッとこんな話をこぼしました。

「なんか最近、BさんとCさんがギクシャクしてるっぽいんですよね」次に、わたしはBさんとも話をします。「最近、どう?」Bさんはこう答えます。「いや、別に問題ないです。順調にいってますよ」なるほど、そうか。

次にわたしはCさんに話を聞きます。「最近、困ってることはない?」するとCさんは「大丈夫です」と答えます。けれども、わたしはAさんに「なんか最近、BさんとCさんがギクシャクしてるっぽいんですよね」という意見を聞いています。ですから、もうひと押ししてみます。「そうなんや。いや、このプロジェクトで今Bさんと仕事してるみたいやけど、何か気になってることはない?」

するとCさんはハッとした顔で答えます。「えっ、ご存知なんですか」Cさんは続けます。「実は……わたしはこう進めようと思っていたんですけど、Bさんはそれが気にいらないみたいで。なかなか理解してもらえないんですよね」ようやく、新たな情報が出てきました。

そこでわたしは、次の「ザツダン」でBさんにこう訊ねてみます。「このプロジェクト、本当はこんな意見が出ていたみたいだけど、なんで却下したの?」Bさんはこう答えます。「D部長からの指示で、そう決めました」

それから、わたしはD部長に話を聞きます。「Bさんは D部長の指示だって言ってるけど、それって本当?」するとD部長はこんなことを言い出しました。「えっ、そんなこと言ったつもりはないんですけど……もしかしたらわたしが仮定で言ったことを、そのまま受け止めてしまっていたかもしれません。そうか、だから最近、意見が嚙み合わなかったのか……」

どうでしょうか。

聞いたことをぐるぐるぐるぐる回していくと、辻褄の合わないことがたくさん出てきます。本音であろうとなかろうと、どんな意見にも何らかの意図がある。俯瞰してみると、その見え方はまったく異なっていることがわかります。

このように、**事実はひとつでも解釈は100通りになっている、**ということがかならずあるのです。

いきなり本音を話してくれる人なんていません。だからこうして、100人と話すのです。

「みんな」なんて存在しなかった

すると、何が起こったか。

まず、単純ですが「田中さん」「佐藤さん」というように一人ひとりの名前と顔が一致します。次に、それぞれがどんなことをしているのか、何につまずき、困っているのか、どんなことを考えているのか、はっきりと見えてくるようになりました。

しかし、革命的な変化はそのあとでした。

「みんな」という漠然とした言葉が、わたしの頭の中から消えたのです。

思えばそれまで、「事業部のみんな」「社員のみんな」と、何か漠然としたものを「みんな」と呼んでいました。「みんな」が事業部制に不満を持っている、とか、「みんな」が働きやすい会社にしよう、とか。

けれども一人ひとりと対話をしていくと、「みんな」なんて存在しない、ということに気がついたのです。

チームは、メンバー一人ひとりが寄り集まって成り立っているものです。

当然、一人ひとりが何を会社に求めているのか、どんなことを期待しているのかは違います。チームに属する**メンバー全員を一度にハッピーにする施策なんてどこにもない**し、あり得ないことを思い知らされました。

「みんなが働きたいと思える会社」がわからなかったのは、存在するはずのない「みんな」を見ようとしていたからだったのです。

「ザツダン」を続け、一人ひとりの考えや思い、要望を聞いていった結果、たどり着いたのは、**「みんなが」ではなく「100人100通りが」**働きたいと思える会社をつくる、という答えでした。

たどり着いたのは「100人100通りの自立」

たとえば、育児休暇。

労働基準法の規定では、子どもが1歳半（現在は改正され2歳）になるまで延長できます。

あるとき、初めての出産を控えた社員がこんな思いを打ち明けてくれました。

「もしかしたら保育園も決まらないかもしれないし、初めてだからどうなるかわかりません。もし、1年半の育休で戻ってこられなければ、会社を辞めなきゃダメですか？」

聞かれてみるとたしかに、1歳半なんてまだ小さな赤ちゃんですし、保育園に預けるのも不安でしょう。けれどもそれを理由に彼女が会社を辞めてしまうのは、会社としても困ることです。それなら、せめて小学校に入学できるくらい……6年間まで育休を延長してもいいのではないか。結果、2006年から育休を最大6年取得できるように制度を変えました。

一方、別のメンバーからは逆に「育休を早めに切り上げたいんです。でも、保育園への送り迎えがあるので時短勤務はできませんか？」と申し出がありました。もちろん、彼女がそうやって働きたいなら、かまいません。

２００７年からは、ライフステージに応じて自分の働き方を2分類の中から選べる人事制度を新たにつくりました。「短時間」か「そうでないか」という2つの働き方のラベルをつくり、どちらかを選択できるようにしたのです。

同じ育休でも、人によってこれだけ考え方は違うのです。

こうして、働く時間や場所の選び方もすこしずつ増えていきました。

そのうち、「週に2回は在宅勤務にしたいのですが、いいですか？」「副業をしたいのですが、どうすればいいですか？」との声が出て、２０１０年に「在宅勤務制度」２０１２年に「副業許可」。さらには２０１３年に「働き方を時間と場所を軸にした9分類」に。一つひとつ申し出があるたびに、その働き方を受け入れてきました。

そうしてついに２０１８年には「働き方宣言制度」と言って、**働き方の分類すらなくなり、自分の働き方を自由に決めて、記述し、自分で実行する制度**がはじまりました。

これらの施策の根底にあるのは、制度は「変える」ものではなく「増やす」もの、という考え方です。

人事制度を変えてダイバーシティをつくる、ということではなく、サイボウズにはすでに多種多様なメンバーが集まっていると考え、それを受け入れる。

「働き方改革」と一声聞くと、重い腰を上げて今までやってきたことを変えなければいけないのかな、と思いがちですが、1パターンしかなかった働き方から、2分類、9分類、分類すらなし、と単に増やしていっただけなのです。

こうして、サイボウズには100人100通りの人事制度が生まれていきました。

〈サイボウズの人事制度の変遷まとめ〉

- **2006年～　育児・介護休暇制度**
- **2007年～　選択型人事制度（2分類）**
- **2010年～　在宅勤務制度**
- **2012年～　副業許可**

・2013年～　**選択型人事制度（9分類）**
・2018年～　**働き方宣言制度**

ほかにも転職や留学などで退職しても最大6年間は復帰できる「育自分休暇制度」、在宅勤務制度を進化させた「ウルトラワーク」、子どもを預けられなかったときに会社へ連れて来られる「子連れ出勤制度」……。今のところ、使われる頻度の差はあれど、何か問題が起きて廃止された人事制度はありません。

もちろん、最初はいろいろありました。

働く女性に対する制度がどんどん拡充していくと、営業の男性から「なんでそんなにママだけをサポートするんですか」とクレームが入ったことがありました。

そのとき、わたしはこう聞き返しました。「じゃあ、君はどうしてほしいの？」。男性が「ちょっと言えないです」と答えると、「じゃあ黙ってて」と答えました。

サイボウズが目指すのは、**公平ではなく個性**です。

働くママは、そうしないと働けないからリクエストしている。リクエストしてくれれば会社は実現するから、自分以外の働き方に文句を言うな、ということです。

求めるものは一人ひとり違います。

これまでの会社の人事制度は、みんなに同じものが用意されていました。働き方改革においても、「平等じゃない」と文句を言われることが多いと思います。

けれども、違うのです。

制度がイコールである必要はなく、結果がフェアであればいい。結果として、1００人1００通りが働きやすい状態を生み出せればそれでいいのです。

「1００人1００通りの働き方」が実現しはじめると、離職率はすこしずつ下がっていきました。

そして2０12年以降、ずっと4％前後で推移しています。

では、肝心の売上はどうなったか？

成果至上主義をあきらめ、いったんは「捨てた数字」ですが、実はこれも2０12年以降、毎年、前年比11０％ほどで伸長しているのです。

なぜ、会社の事業成長をあきらめて、「成果至上主義」を捨て去って「働きやすさ至上主義」に変えたにもかかわらず、成果がついてきたのでしょうか。

わたしの考えはこうです。

「100人100通りの働き方」を突き詰めた

↓

いつ働けば・どう働けば成果を出せるか、という選択を、会社や上司に押しつけられたものではなく、社員それぞれが自分で考えるようになった

↓

成果を上げる方法も「100人100通り」になった

制度や仕組みの話ではなく、それこそが、「100人100通りの働き方」の本質なのでしょう。

発見1
部下の不満は見えないから怖い 見えるようにすれば怖くなくなる

全従業員と「ザツダン」をし続けて、わかったことがあります。

マネジャーにとっていちばん怖いのは、「わからない」ことです。つまり、メンバーの持つ「見えない」不安や不満です。

わからないから、いたずらに考えてしまう。わからないから、見当違いな施策を打ってしまう。わからないから、会議や打ち合わせを増やしてしまう。

こうして、マネジャーがメンバーにかける時間は知らぬ間に増えていきます。

あるいは、わからないから、すべて自分でやってしまう。そして、自らを追い込んでしまう。

しかし、メンバー全員と話すことを繰り返していると、事業部の中で起きていることがはっきりと「見える」ようになってきます。それはもう、驚くほど自分の視力が上がっていくのがわかるのです。

「うちの部署」「みんなの意見」といった、ぼんやりとした集合体を見る解像度が上がり、Aさん、Bさん、Cさん……、それぞれの異なる意見が浮かび上がってくる。

そして、それを無理にひとつにまとめようとするのではなく、「100人100通り」として認識すれば、物事に対する理解度はさらに深まっていく。

すると、もうマネジャーにとって怖いものなんてなくなります。

わたしは、マネジメントというものは「みんなを統率する」、みんなを会社の事業成長という目的に向かって**「同じように動かす」**ことだと考えていました。

大間違いでした。

100人100通りの思いがあるのですから、それをひとつにすることなんて、ハナから無理な話なのです。

けれども、100人100通りの思いがわかれば、組織の課題を見事ゴールにたどり着かせる可能性も見えてくる――。

発見2
チームが「おかしいとき」って情報が「共有されていないとき」

一方で、マネジャーの立場からすればこんな戸惑いもあるでしょう。

「メンバーのモヤモヤを聞いた瞬間にそれを何とかしなきゃいけない」「ただでさえ忙しいのにまた仕事が増える」「聞けば聞くほど不満なんて溜まっていく一方なんじゃないか」

そういった不安があるから、会社は「ザツダン」的な制度をつくりたがらないのです。

しかし、わたしは逆だと思っています。**話を聞くからこそ、余計な仕事は減るし、何かが大事に至るまでに対処できる、**と。

モヤモヤの原因の多くは、「よくわからない」という情報不足にあります。

というのも、メンバーの不平不満をより突き詰めて見てみると、**具体的な問題より、それ以外の「知らなかった」「聞いてもらえてない」「意見が届いていていない」と**

いった部分が大きな面積を占めている、ことが往々にしてあったのです。

モチベーションを失っているメンバーに対して、「どうしたん？　何か、不満があるんじゃないん？」と訊ねてみると、多くの場合、こんな返答があります。

「来期の戦略がわからない」「予算未達だけど大丈夫なんだろうか？」「Aさんがあんな発言をした理由がわからない」「あの人が辞める理由がわからない」……。あるいは、「方針がこう決まったらしいですけど納得いかないんです」「どうしてこうなってしまったんですか？　なんか、わたしたちのことをないがしろにされた気がするんです」……。

つまり、どこかで「情報」が不足し、わからない・理解できないという状況が発生している。

発見3
つまり「情報の徹底公開」こそがマネジャーの仕事を激減させる

しかし、このようなモヤモヤは「知る」だけで、ほとんど解消されます。

「先月の経営会議で話して、詳しくは議事録のここに書いてあるよ」と情報の在り処を示してあげる。あるいは「あれ、部長から何も来てない？　実は、こんなことがあってこうすることにしたんだ」と説明すると、「あ、そうなんですね。たしかに。わかりました」と、拍子抜けするくらいスッキリした顔を見せてくれることがあります。

「聞いてもらえた」という事実だけで、モヤモヤは軽減されるし、「隠されていない」という納得感を得られるのです。

つまり、マネジメントにおいてもっとも大事なことは、情報を徹底的に公開することだったのです。

会社側あるいは上司側が、**先にどれだけ情報を公開できるか、社員全員が見られる**

場所におけるか、そして、どのようにアクセスしやすくするか。

これこそが、マネジャーの仕事をいたずらに増やさない「肝」だったのです。

「社内の情報をオープンに」――。

こういった施策はサイボウズに限らず、取り入れている会社が増えつつあります。

社内のあらゆる情報をグループウェア上に公開し、全社員が、いつでもどこでもアクセス可能なリソース（資源）とする。そのうえで、マネジャーが抱えていた役割や責任を棚卸し、できる限りの権限委譲を行う。

特に、ＩＴベンチャーに多いかもしれません。というのも、この思想はもともと、エンジニアと親和性が高いのです。

エンジニアの世界では、基本的にオープンソースとしてコードが公開され、ノウハウや知識を共有しながら、ゆるやかに全世界の技術者がつながっています。

だからこそ、革新的なスピードでテクノロジーは発達し、現在のように「コミュニケーションもエンタメも体調管理も電子決済も、スマートフォンひとつで可能な世界」が実現しました。

しかし、この思想は、会社というひとつのチームにこそ必要なものだったのです。

さて、第四章からがいよいよ本題です。

・そもそも、どうすればマネジャーの仕事は減らせるのか？
・マネジャーに最後まで残される本当の役割とは？

その返答として、わたしはこの**「情報の徹底公開」の実践例**、そして、サイボウズのマネジメントの根幹を支える**「説明責任と質問責任」という強力な合言葉**について詳しくお伝えしていきます。

CHAPTER

4

最軽量のマネジメントは「情報の徹底公開」たったひとつ

団体戦に、マネジャーの「地位」や「権威」はじゃま

わたしがなぜ、マネジャーのみなさんに情報の徹底公開をオススメするのか。

先に、結論からお伝えします。

自分が遅れてプロフェッショナルを目指すより、「だれが何のプロフェッショナルか」を知っておいたほうが、圧倒的に「早い」からです。

エージェント事業部の本部長になったとき、自分の無力さを心底実感しました。

「あ、何もでけへんわ」と。

本当に驚くことばかりなのです。「へー!」「あ、今のプログラミング技術ってそんなことまでできるんや!」「今の大企業ってそんな課題感持ってるんや!」と。

頭の片隅に「マネジャーなんだから、メンバーの横について、今から必死で営業もマーケティングも開発も学んだほうがいいのか……」と思わなかったわけではありま

せん。

しかし、確実に彼らの足手まといになるだろう、と想像がつきました。

どうせ何もできないなら、彼らに任せよう。

これだけは何度も言いますが、マネジャーのもっとも重要な仕事は「意思決定」です。

だから、任せる代わりに、わたしが意思決定に迷ったとき、

・だれに何を聞けば必要な情報をもらえるのか
・メンバーがいったい何のプロフェッショナルで、どんなことが得意なのか

それだけは把握しておこう、と決めました。

多くのマネジャーにとっての関心事は、メンバーが取り組んでいる**施策は効率的なのか、きちんと効果が出るのか、**そして、**自分は正しい意思決定ができているか、**ということでしょう。

物事を決めるとき、いろんな人がいろんなことを言います。ある人は「絶対にこういうニーズがある」と胸を張っているのに、ある人は「いやいや、ないでしょ……」

なんて否定する。全員が全員、意見が一致することなんて、そうそうありません。

その際、単純に「多数決で決める」ことはあまり好ましくありません。

結局それは、「みんながそう言っている」という、本当は存在しない**「みんな」の論理**に取り込まれてしまうからです。

重要なのは「数」ではなく、「だれ」が「何のプロフェッショナル」なのか、そして「だれ」が「やりたい」と言っているのか。

それを踏まえたうえでの「この人がそう言うなら、任せよう」「この人がそう考えるなら、やってみよう」という意思決定のほうが、よっぽど心から信じられます。

そのために必要なのが情報の徹底公開。

実は、皮肉なことに、これまでのピラミッド型の組織というのは、プロフェッショナルを「消して」きていました。

なぜなら、「上にいる人」の意見のほうが強力だからです。

ある部門にいる人がどんなにプロフェッショナルとして優秀でも、その上にいるマネジャーが「地位」を振りかざし、その人の情報や意思決定を採用しなければ、その人の存在は「なかったこと」になります。

そして結局、マネジャーが自分にとって都合のいい情報だけを下から集めて、もともとやりたかったことを実行する……。

団体戦に「地位」や「権威」はじゃまなのです。

マネジャーが言うこと、その上のマネジャーのマネジャーが言うこと……さらにその上の経営者が言うことって、そんなに正しいでしょうか。

わたしにはそう思えません。

少なくとも、周りにイエスマンしかいない、耳障りのいい情報しか集まらない、そんな状態でまともな意思決定ができるとは到底思えないのです。

ですから、マネジャーが行うべきことは、たったひとつ。あらゆる情報を徹底的に公開する、そのための風土をつくることです。

そして、最後に必要なのは、成功しようが失敗しようが「わたしが責任を取るから」という一言。メンバーの失敗はあなたの失敗。あなたの失敗は上司の失敗。上司の失敗は、経営者の失敗。

上に立つものが持っているのは、「地位」でも「権威」でもなく「責任」です。

「どこに泊まったか」まで公開されていれば経費の不正は起こらない

情報を徹底公開すると、なぜマネジャーの仕事が減るのか。なぜそれが最軽量のマネジメントにつながるのか。

まずは小さな部分からお話しします。

マネジャーの仕事と認識されているものの中で、わたしが**もっとも無駄、つまり「マネジャーがしなくてもいい」と思うのは「承認における間違い探し」**です。

とても小さな話になりますが、たとえば、経費精算。

メンバーからの申請内容が正しいか、何か悪さをしていないか、問題がなければ決裁する。チームが30人、50人と増えていくとチェックを行うだけでも膨大な時間がかかります。

もはや、小さな仕事ではなくなりますよね。

結局、右から左へポンポンと判を押して、深刻な不正に気づくことができず、あとから大変なことになる、ということも起こり得る。そう、わたしが興銀のとき、検査前にいくつもの書類を修正するはめになったように。

サイボウズでは、**メンバーごとの経費申請もすべてグループウェア上に公開**されています。

そのため、出張旅費の場合、だれが・いつからいつまで・どこのホテルに泊まったか・費用が、わかりやすく見える化されています。すると、同じ行き先へ行ったにもかかわらず、極端に費用がかかっている出張はすぐにわかります。

あえて「怖い言い方」をすれば、自分が使った経費は全社員に監視されている、という状態です。実際、普段から全社員が見ている、なんてことはありませんが、何かあればかならずあとで不正が発覚してしまいます。

当然、一人よりははるかに多い複数人によるチェックになりますから、経費を不正に使うハードルはさらに高くなります。マネジャーの承認がなくとも、おのずと不正しようという試みは起こりにくくなるのです。

みんなの前で嘘をつくなんて、けっこう勇気がいりますよね。わたしには、そこまでしてズルする勇気はありません。

アホはええけどウソはあかん

これまで、多くの組織では「性悪説」によるマネジメントがなされてきました。メンバーがきちんと仕事をしているか。ミスをしていないか。数字をごまかしていないか……。

そのしわ寄せは、マネジャーの重すぎる業務量として生じてきました。

けれども、リモートワークや在宅勤務が選択肢として当たり前になりはじめ、メンバー全員が揃って、机を並べて働く以外の状況が増えてくると、性悪説ではもう対応ができません。

「会社にいない間サボっているかもしれない」「出先で作業してから直帰すると言いつつ本当に仕事しているのだろうか」。マネジャーの頭の中は不安だらけです。

しかし、それを逐一確認しようとしたら、どれほど労力がかかるでしょう？　果たしてそれは、「マネジャーの仕事」と言えるのでしょうか。

ここで、サイボウズはどうしているのか、見てみましょう。

サイボウズでは、１００人１００通りに異なる働き方があるので、グループウェアで勤怠連絡を報告するようにしています。「今日はＡＭ在宅勤務で、ＰＭ出社予定です」「8時半に出社します。11時に複業で抜けて14時に帰社、今日は17時に早退です」といった具合です。

そして、その社内チャットで、ある言葉を検索するとおもしろいことが起きます。

「寝坊」です。

検索をかけると、ズラッとメンバーのメッセージが出てきます。

「申し訳ありません。寝坊したので10時過ぎに出社します」

「寝坊してしまいました……。今日は午前中休みで、午後から出社します」

「朝イチの飛行機に寝坊してしまいました。つきましては福岡出張について追加費用のご相談です」…。

ほかの会社に勤める会社員の方は、ギョッとされるかもしれません。わたしも改めて検索をかけて思わずつぶやきました。「いや、みんな寝坊しすぎやろ」と。

サイボウズでは、とにかく「公明正大」であることを重要視しています。

アホはええけどウソはあかん、と。

寝坊してもミスしても、包み隠さずに共有する。そして、それに対して、周りのメンバーは叱責するのではなく、業務のリカバリーやフォローを優先する。今後同じことが起こらないようにするにはどうすればいいのか、対応策を考えます。

ある事業部の部門長が、寝坊に対して、チャット内にこのようなコメントを残していました。

「時折、寝坊したり、なんらかの事情により予約した交通手段に間に合わなかった場合、別途交通手段を手配する必要が発生しておりますが、それについて。

・業務での出張で、自腹の手配、というのはあり得ないので、「やっちゃった……」感を噛み締めつつ、素早く次善の交通手段を手配して、まずは業務のリカバリーを最優先でお願いします。
・過去に何人かの方に質問いただきましたが、会社費用での負担に確認は不要です。
・一応、上司には報告をお願いいたします
・で、重要なのは、今度どうするとそういう事態の発生を最小化できるのか。そのあたりは上司の方とも相談して実行お願いします
・そもそもの日程自体、業務状況自体が過密過ぎないか、など」

コメントには、社内から「いいね」がたくさんついていました。

マネジャーは、大きなことから小さなことまで、日々とにかく意思決定に追われています。プレゼン用の資料が合っているかどうか、ニュースリリース用の文章が問題ないかどうか、経費申請に誤りがないかどうか……。

休み明けの月曜日、もしくは出張から戻った次の日、机の上にはマネジャーの「承認印」を待つ書類が山積みされていることでしょう。「もう9割9分決まっているこ

と」でさえ、「念のため」承認印を押し、決裁する必要がある。

けれども、その中で本当に「マネジャーの承認が不可欠」なものがどれほどあるのでしょうか。

徹底的に情報公開をすれば、さほど重要度が高くないものには相互チェック機能が働き、マネジャーの承認は必要なくなるでしょう。

経費申請といった小さな事柄から、企画提案、予算申請など大きなものまで。**あらゆるものが全社的に公開されていると、どんどん「ごまかす」「隠す」ハードルは高く**なります。いきなりほかの課から「あれ、この金額っておかしくないですか？」と指摘されることもあれば、「この企画はこのシステムを使えばスムーズですよ」といったアドバイスをもらえる可能性もあります。

つまり、**今まではマネジャーだけが抱えていた仕事を分散させることができる、**ということ。

そして、本当に優先すべき重要な意思決定に、自分のリソースを傾けることができるのです。

仕事を減らせるだけでなく、マネジメントスキルすら一段階下げられる

経費精算の例は、単純にマネジャーの仕事を減らす・分散させるものでしたが、何を情報公開するかによっては、マネジャーとしてのスキルすら一段階下げることができる、とわたしは考えています。

では、マネジャーが持つ仕事をずらっと見ていきましょう。

■プロジェクトマネジメント（目標を決める）

多くの場合、プロジェクトは経営陣や本部長など、上から降ってくるものですよね。本来、マネジャーの役割は、まず「一人で」その指示を具体的な予算や期日などの目標数字に変え、メンバーに伝えることです。

でも、この**「一人で考える時間」のプロセスやロジックすらサイボウズでは共有**し

ています。上からの指示も可能であればそのまま公開する。その指示に対して、自分が知っている限りの情報も共有する。そして、考えるべき項目もオープンにする。

そうするだけで、一人で悩む時間も減るし、「いやぁ、この数値をクリアするのは無理でしょ」「いやだから…」という、メンバーを納得させるコストも削減できます。

また、つねにそのロジックを共有していけば、その視点や経験をほかのメンバーにもインストールできます。一人ひとりがマネジャーに匹敵する知識と経験を持って、意思決定できるようになるのです。

こうして、チームの意思決定のスピードと精度はさらに上がっていくでしょう。

■進捗管理する

プロジェクトの進捗単位でも、メンバーの一日の動き単位でも、**「スケジュール」と呼べるものはすべてオープン**にしています。

もしも、みなさんの会社がグループウェアを導入していなくても、チーム内で、今まで各自がExcelや手帳で管理していたものをGoogleスプレッドシートやGoogleカレンダーを使って、だれでもいつでも見られるようにするだけで、まったく違ってくるでしょう。

スケジュールをオープンにして、「予定の入っていないところは空いている」というルールを事前に決めておくだけで、あのわずらわしい「会議の日程調整」も驚くほど楽になります。よくありますよね、「メンバーのスケジュールがわからないので聞いてまわったら、調整だけで何時間もかかってしまった……」なんてこと。

また、**メンバーの「目標に対する進捗状況」もスケジュールの一種**です。これもオープンにしておくと、いちいち打ち合わせの時間を増やして、メンバーを呼び出す必要もなくなります。

プロセス自体を記録として残しておけば、相互チェックで何がうまくいっていないのか、何がボトルネックになっているのか、それを解消するためには何が必要なのか、と会議の場でより建設的な議論を行えるようになります。

■予算管理する

予算もすべて公開します。個人の経費同様、使いたい理由や効果の見込み、そして実績もオープンにしていけば、いずれ**承認の必要はなくなる**でしょう。

■人材マネジメント（メンバーを育成する）

個人の目標もオープンにしておけば、直属のマネジャーだけに育成の責任がある、という状態を避けられます。メンバーに好きなメンターを選んでもらってフィードバックしてもらう、なんてことも可能でしょう。

人材育成に必要なのは、**数か月に1回のマネジャーとの面談より、身近な人からのこまめなフィードバック**です。大所高所からマネジャーが個別にフィードバックするより、本人のためにもなるでしょう。

マネジャーの業務も楽になりますし、一石二鳥です。

■モチベーション管理

モチベーションは、本人がやりたいこと、本人ができること、チームとしてやってほしいことが重なると高くなります。

ですから、各メンバーがそれぞれやりたいこともチームで共有しておけば、みんなが理解して助けてくれるし、それに向けてアドバイスもくれます。マネジャー一人が管理するより、チームのみんなが知っていたほうが協力し合って、その環境をつくりやすいでしょう。

さらにいうと、モチベーションの源泉は、自己実現の欲求だけではありません。所属の欲求や承認の欲求もあります。チームで共有することで、所属意識を再認識できたり、承認される喜びも増えます。

■給与査定

目標も進捗もスケジュールも公開されているのであれば、給与査定もずいぶんと楽になるでしょう。**大部分は記録されたものを見ればいい**わけですから、精神的な負担も減ります。

次に、サイボウズでは実際にそれぞれの情報をどう公開しているか、細かく紹介していきます。

サイボウズは経営会議の8割を公開

サイボウズでは、経営会議さえオープンにしています。

経営戦略上、一部公開できないときもありますが、それ以外のおよそ8割の経営会議は、基本的に**「新人でもだれでも参加」**できます。

週に2回、経営陣とマネジメントメンバーが集まり、アジェンダに沿って議論を行いますが、前日にアジェンダが共有されるので、その内容を踏まえて希望者は参加することができるのです。

「希望者が多くなると、意思決定に時間がかかって、大切なことが決まらないのでは?」そう思う人もいるかもしれません。

ただ、経営会議での意思決定は最終的に、社長の青野がします。

議論にみんなが納得するというのは難しい。でも、

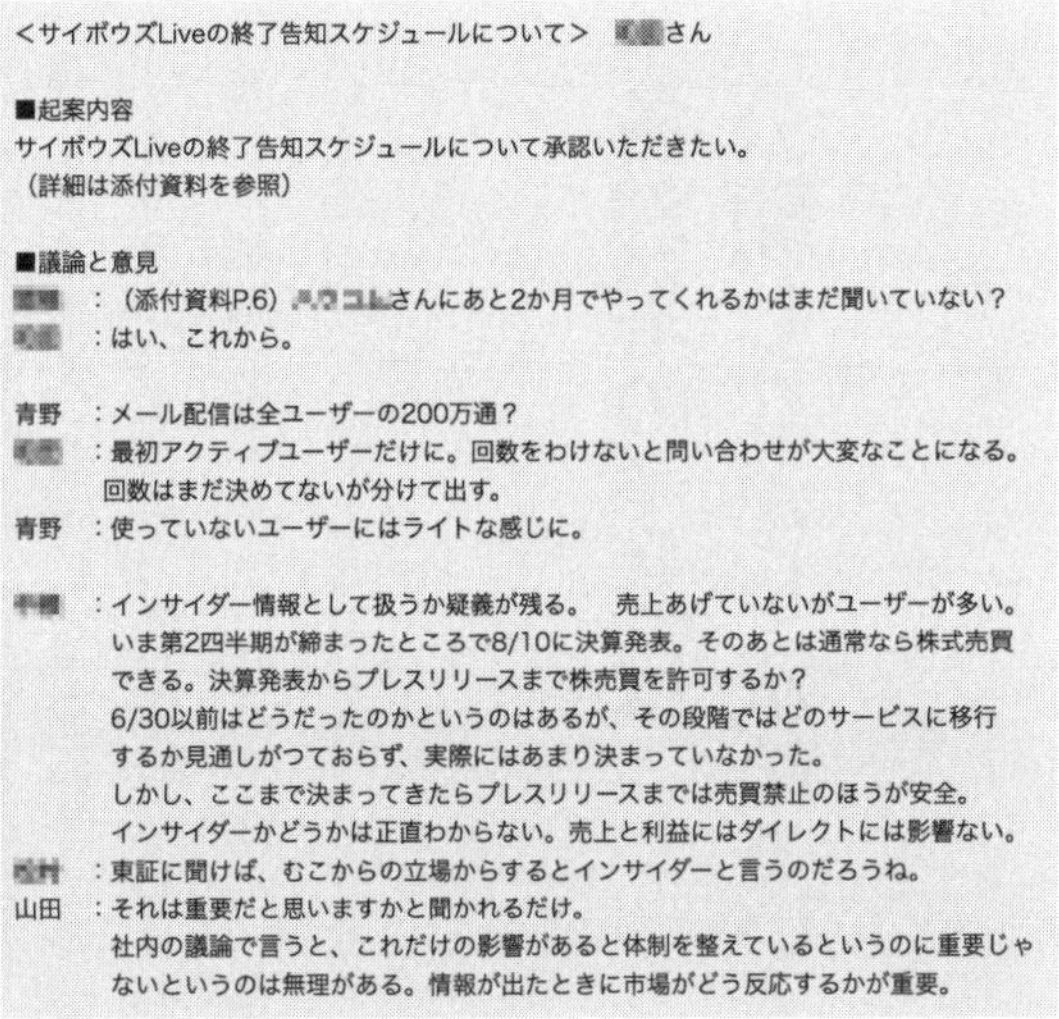
＜サイボウズLiveの終了告知スケジュールについて＞　[redacted]さん

■起案内容
サイボウズLiveの終了告知スケジュールについて承認いただきたい。

（詳細は添付資料を参照）

■議論と意見
[redacted]　：（添付資料P.6）[redacted]さんにあと2か月でやってくれるかはまだ聞いていない？
[redacted]　：はい、これから。

青野　：メール配信は全ユーザーの200万通？
[redacted]　：最初アクティブユーザーだけに。回数をわけないと問い合わせが大変なことになる。
回数はまだ決めてないが分けて出す。
青野　：使っていないユーザーにはライトな感じに。

[redacted]　：インサイダー情報として扱うか疑義が残る。　売上あげていないがユーザーが多い。

いま第2四半期が締まったところで8/10に決算発表。そのあとは通常なら株式売買できる。決算発表からプレスリリースまで株売買を許可するか？

6/30以前はどうだったのかというのはあるが、その段階ではどのサービスに移行するか見通しがつておらず、実際にはあまり決まっていなかった。

しかし、ここまで決まってきたらプレスリリースまでは売買禁止のほうが安全。

インサイダーかどうかは正直わからない。売上と利益にはダイレクトには影響ない。

[redacted]　：東証に聞けば、むこからの立場からするとインサイダーと言うのだろうね。

山田　：それは重要だと思いますかと聞かれるだけ。

社内の議論で言うと、これだけの影響があると体制を整えているというのに重要じゃないというのは無理がある。情報が出たときに市場がどう反応するかが重要。

サービス終了製品の告知に関しての議事録

- 言いたい人は言えばいい
- 会議に入るのはオープン
- 言われればこちらも聞く
- ただ、「聞いたけどごめんこっちにする」

はアリ、なのです。大事なのは、**「だれが何を言って何を言わなかったのかも含めて、すべて議事録にして公開されている」**ということ。

議事録にも、「なぜうちの本部長はここで何も言わなかったんですか？　現状、こういう懸念があるはずです」「青野さんはどうしてそう判断したのですか？」と、全社員コメントすることが可能です。

すると、必然的に経営会議の参加者は、積極的に議論を尽くさなければならない立場になります。論理的に意思決定する必要が出てくるのです。

こうすれば、青野の決定は、つねに**「全員が見た」**というプロセスを踏んだ上で判断した結果になります。社員の間に、「知らない間に決まっていた」「そんなの聞いていなかった」という事態は起こりません。

各部署の予算は公開しながら決めていく

公開しにくい情報といえば、「お金」ですね。

ではまず、会社全体のお金、つまり予算はどう決めるのかを見ていきましょう。

多くの会社は、おそらく経営会議の場で決めますよね。

会議と言いつつ、ほぼ経営者の独断だったり、「売上前年比１０３％」と控えめに前年の実績に上乗せしたり、「今期は広告にも積極的に投資するから二桁伸長を目指そう」とハッパをかけられたり、「固定費が高騰してるから何とか切り詰めてくれ」と無茶なコスト削減を言い渡されたり……。

つまり、基本的にはトップダウンです。

サイボウズの予算設定は、その逆。ボトムアップで決まります。

まず、**各部門から自己申告で予算を設定**してもらいます。なんともおもしろいのが、そうするとやっぱり、コストは多めに見積もられるのに、売上は少なめになるんですよね。

そして、出てきたものを足し算すると……ハンパないほど赤字になります。

こちらとしては、毎回「なんでやねん！」と言いながら苦笑するしかありません。

そこで我々経営陣は、その現状すら公開して呼びかけます。「ハンパない赤字になりました。赤字がダメなわけではありません。投資すべきものには積極的に投資しましょう。ただし、無駄な投資は１円たりともなくしましょう。ということで、もう一回検討できるところがあったら検討してください」と。

すると、スタートが赤字だとわかるし、そもそもみんな赤字になるのはイヤ。黒字にしたいから、当初よりも経費を削減してくれて、売上もちょっと上乗せしてくれます。

結果、収支が改善され、利益が出る計算になるのです。

各部門が「会社が赤字にならないように効率的に投資するには、どうすればいいのか」と真剣に再検討する。

現場のリアルな経験と生きた判断から割り出された数字は、経営陣が出すものより、間違いなく解像度の高い数字のはずです。

結果的にサイボウズは２０１６年以降、３期連続売上高は予算達成、営業利益も増収となり、ともに予算達成し、右肩上がりの成長を続けています。

社員がみずから給与交渉の過程すら公開

会社のお金以上に、もっとも公開しにくい情報といえば、個人の給与です。

実はこちらも、全員というわけではありませんが、交渉の過程が公開された事例がサイボウズにはあります。

サイボウズの給与は、個人の「市場価値」、つまり「あなたが転職したらいくらになるのか」をもとに決まるのですが、あるとき、10年目のエンジニアがこんな相談を持ちかけてきました。正確にいうと個人のFacebookで次のような趣旨の投稿を見たのです。

「今の給与は本当に自分の市場価値と合っているのでしょうか？　転職の予定はありませんが、試しに転職ドラフト（競争入札制転職サイト）も使ってみましたがよく理解

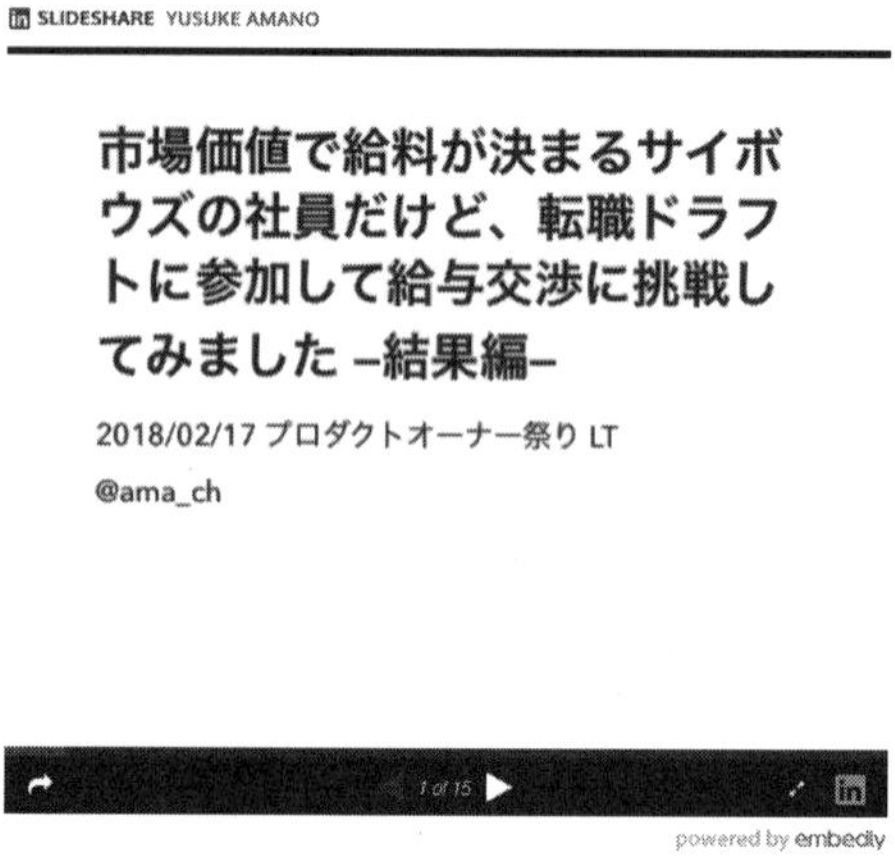

できませんでした。サイボウズは『公明正大』を大事にしているのに、透明性のあるコミュニケーションができていないのはおかしい。自分が給与交渉についての知見を貯めて社内に共有すれば、もっと全社的に給与に対するコミュニケーションがしやすくなるんじゃないかと考えています」

その投稿に対して、わたしは「いいですね！望むところ（笑）」とコメントを残し、実際に給与交渉がスタートしました。その内容は、彼がFacebookとSlideShareで公開しています。そして、サイボウズのオウンドメディア「サイボウズ式」でもその一連の経緯は記事となって公開されています。

全員の「希望する働き方」を公開

情報とは、数字や議事録だけではありません。会社で働く社員一人ひとり、**個人が「何を思っているのか」も大事な情報**です。

サイボウズには「働き方宣言制度」といって、自分の働き方を自由に決めて、記述し、自分で実行する制度があることはすでにご紹介しました。この宣言、つまり、どういう働き方を希望しているかも、すべて社内のグループウェア上に公開されています。

たとえばこんな記述です。

・人事本部　Nさん
月火水木金　09：00―17：00 会社（含：出張）
18時くらいまでであれば対応可
場合により自宅や会社で残業フォロー可（目安月40時間くらい）
月3日程度在宅の可能性あり
出張、土日出勤などは状況に応じて対応可

比較的、オーソドックスな宣言ですね。ではこの人はどうでしょう。

・人事労務グループ　Nさん
月火水木金　09：00―18：00 会社（含：出張）
退社時刻：19時くらいが多い
※広島カープ観戦の日は　08：00―17：00

とてもシンプルな宣言ですが、自分のライフスタイルの優先順位がはっきりと示されています。では、複業をしている人はどうでしょうか。

・マーケティング本部　Aさん
月火木　10：00—19：00 会社（含：出社）
稼働日時であれば残業可。
休日に急ぎの連絡があれば、Facebookなどでご連絡ください

この人は、週3日をサイボウズの仕事にあて、週2日は複業の仕事にあてているようです。

ほかにも、月~金すべて在宅の人もいれば、午前は在宅・午後は会社ときっちり分けている人、15分30分単位で毎日勤務時間を変えている人もいます。基本は10：00—19：00だけれども「必要性や緊急性があれば何時でも何時間でも」と書いている人もいます。

ちなみに、この働き方は毎月変えることも可能です。来月から複業が忙しくなりそう、とか、広島カープファンのNさんであれば、ペナントレースがない時期の働き

方は変わりますよね。

宣言の内容はそれぞれ。ですが、全員が**「わたしはこういう生き方をしたいから、サイボウズというチームに対してはこんな時間、こんな場所でコミットしよう」**と考えた結果です。

それを全公開することで、チームと共有し、同意を得て、希望の働き方を実現しています。

同じ「フルタイム」であっても、実は希望の働き方は違います。

フルタイムだけど朝7時に出社したい人、夜型の人、残業はいいけど出張は難しい人、いろんな人がいます。そういった細かい希望まで公開されていることで、業務の割り振りも容易になり、チームのメンバーは仕事をしやすくなるでしょう。

それぞれに「希望の働き方」が異なるのであれば、それぞれに「やりたい仕事」も異なるでしょう。

サイボウズには「やくわリスト」といって、社内の求人票のようなものがグループウェア上に公開されています。ここで、メンバーを募集している部署を簡単に見ることができます。

こちらも例を見てみましょう。

部署：セキュリティ室
マネジャーからのアピール：今、セキュリティ人材が不足しています！サイボウズひいては日本のＩＴ環境を一緒に守っていきましょう！
内容：プライベートＳＯＣの立ち上げ
ログを分析・調査することでサイバー攻撃、内部犯行を検知し、攻撃を防止する組織です

また、それとは反対に「大人の体験入部」という、他部署の仕事を一定期間お試しで体験できる制度も設けています。

これもやはりグループウェア上に、個人がどの部署で働いてみたいか、そこで何がしたいのかを書き込むことができ、だれでも見られるようになっています。

体験したい部署の内容にもよりますが、早い人だと登録したその日のうちに承認されて、次の日には体験入部を開始している場合もあります。

個人がやりたいことも、部署が欲している人材も日常的に公開されている。人材のミスマッチが起きにくい構造になっていることは想像に難くないですよね。

これだけで、プロジェクトチームを結成するなどの際、マネジャーの負担も軽減されるはずです。

人事が決めた配属の場合、マネジャーにとって最悪なのは、人事はできると思っていても、実はできない、あるいは本人もやりたくないと思っていること。

ベストは、配属されたチームで本人がやりたい業務をできること。次に、「できないけどやりたいこと」や「できるけどやりたくないこと」がありますが、どの場合でも、「やりたくないこと」や「できないこと」をマネジャーが認識できているだけで、コミュニケーションコストは大幅に下がります。

ポイント1

「伝えて覚える」から「探して使える」へ

こんな疑問を抱く人もいるかもしれません。

「こんなに全部オープンにしても、だれが見るの？」「自分と関係ない部署の人にまで伝えなきゃいけない？」「ただでさえキャッチしなきゃいけない情報が多いのに頭がパンクしてしまう」

安心してください。**メンバーにすべてを伝える必要も、自分が理解する必要もありません。**情報にアクセスできるようにしておくだけ、でいいのです。

情報を「伝える」だけなら、いろんな方法があります。

・直接話す
・紙のマニュアルで残す

・メールを送る

でも、**このやり方だと、情報は個人間のものにしかなりません。**

昔に比べると格段に情報共有が進んでいるとは思いますが、「伝えるだけ」では限界があるのです。

たとえば、Aさんに「この売上データの見方はね…」とアドバイスして覚えてもらった次の日、同じアドバイスをBさんにした、という二度手間を経験したことはないでしょうか。

では、そのやりとりがだれでもアクセスできるグループウェア上に、テキストとして記録されていればどうでしょうか。

Bさんは疑問に思ったらすぐに、グループウェアで検索をかけるでしょう。「売上データ　見方」と。

そうすると、過去に同じような仕事をしたことがある人の書き込みがヒットします。その書き込みを見るだけで、どのように売上データを見ればいいか、だいたいの流れを把握することができるのです。

サイボウズでは、**社内のやりとりに個人メールを使用することはありません。**できる限りグループウェア上に情報を集約させることで、その情報が未来のための「資産」になるのです。

もっとも効率的なのは、情報を「伝えて覚える」ものではなく「探して使える」ものにすることです。

そうしなければ、こんな問題が起きます。

「大企業病」です。

グループウェアを提供しているサイボウズでさえ、この病にかかることがあります。

いわゆる、部署間やチームの間の「壁」です。

隣のチームが何をやっているのかよく知りません、というのが大企業だと往々にしてありますよね。で、正直、問題が起きてないときは、知っていようが知っていまいがいいけれども、何かあったとき、その壁がものすごく障害になるわけです。

目に見えない壁というのは、情報を取りにいけない、という壁。だれかと話したときに言われる「そんなことも知らんの？」という言葉。

しかし、情報にアクセスできる状態にさえしておけば、それを取りにいくかはその人次第です。

隣の人が何をやっているかは見にいけばわかります。みんなが全部を知っている必要はありません。

いつでも、だれでも、どこからでも、できるだけ検索にひっかかるオープンなところで、情報を貯めていくことをオススメします。

ポイント2
「いきなりオンライン」ではなく「オフラインで開通工事」

サイボウズでは、たとえマネジャーとメンバーが隣の席であっても、グループウェアでやりとりする光景は珍しくありません。

これは、その場にいないメンバーでも、グループウェアをあとで見返せば、そのふたりの間のやりとりを把握できるようにするための工夫です。

ただ、どうしても違和感がありますよね？　なんでもかんでもオンラインって。なのでわたしは、オンラインでのコミュニケーションの前に、できるかぎりオフラインで1対1で直接話すように心がけています。

そう、それが「ザツダン」です。

みなさんもこんな経験がありませんか？

会ったことのない人、あるいは初めて会った人と挨拶程度の会話をして、のちに改めてメールを送る際、言い回しや言葉遣いにとても気を配る、ということ。

しかしそのあと、何度か会ったり、食事へ行ったりすると、メールの文章は若干くだけたものとなり、スムーズにやりとりができるようになるはずです。

直接、人と会うには時間の調整も必要です。コストも高い。しかし、短い時間で五感をフルに使い、お互いを知るにはとても有効な手段です。

かならずしも仲良くなる必要はありません。**「互いの心地いい距離感」を測ることができればOK**です。

マネジャーとメンバーの関係も、これと同じです。

親しくなれそうな人、すこし苦手だなと感じる人、よく話す人、口数の少ない人、それを踏まえて、オンラインでもフランクに会話するのか、あるいは端的にやりとりするのか。

ほぼ毎日のようにメッセージを書き込んでくれる人もいるし、オンラインではやたら饒舌なのに、オフラインではあまり喋らない人もいます。何かと「お会いしてご相談したいです」という人もいるでしょう。

それぞれの適切な距離感が見えてきます。これが「開通工事」です。

以前、Yahoo!の社内教育機関であるYahoo!アカデミア学長・伊藤羊一さんとお話しました。

伊藤さんはYahoo!へ転職する前、オフィス用品メーカー「プラス」で350人の社員たちと、まさに「ザツダン」のような1対1の時間を設けたそうです。まだ、「1on1」という言葉も注目されていなかった時代のことです。

そこで特に印象的だった話があります。

「とある地方の事業所で、この道二十数年の事務職の方と話したとき、『こんな立場の方がわたしに会ってくれると思っていなかった』と、感激のあまり泣かれてしまったことがあったんです。そして、『こうすれば会社が良くなるはず』と、ノートにびっしり書かれた改善案を共有していただいたんですよ」

目的なく雑談することによって、お互いの立場や所属にかかわらず、フラットに話せた結果なのでしょう。

そして、この次がとても重要なポイントなのですが、**一度できたその関係は、雑談の30分間だけでなく、そのあともずっと続く**のです。伊藤さんは言います。

「雑談をしたことで、今までだったらつながることもなかった、また別の地域の従業員とLINEでつながり、そのあと彼から『伊藤さん、あれちょっと良くないよ』と、直接連絡が来るようになったんです」

最軽量のマネジメントとは、最小限にあらゆるものを切り捨てる、という意味ではありません。軽やか、という意味です。

「上司と部下」という関係性で業務報告や進捗管理を行うのではなく、あくまで「個人と個人」として、軽やかにお互いの理解を深める。

効率化された仕事の中でこぼれ落ちてしまう、モヤモヤとした「感情」、こうしたい・こうなったらいいのに、という「思い」を拾いあげることができる。

そんな関係をつくることです。

効果1
不必要な「忖度《そんたく》」が社内からなくなる

こうしてあらゆる情報を徹底的に公開していくと、マネジャーの仕事が楽になるだけでなく、さらに良いことがあります。

それは、不必要な「空気を読む」とか「忖度」が社内からなくなる、ということです。

こんな場面、よくありませんか?

・業務が手一杯でだれかに手伝ってほしいけれど、それぞれのタスク状況が共有されていないため、「みんな忙しいのかな……」と勝手に考える

↓結果、残業をしてしまう。

・「会議の空気が悪いから、これで決まりにしよう」

↓だれもいいと思ってない案が通ってしまう

メンバーのスケジュールが公開されていれば残業せずにすんだかもしれません。会議の議事録が公開されていれば、その判断はできたでしょうか。

「それを言うと上司や自分の立場が悪くなる」「必要以上に気を遣う」こうして、だんだんとチーム全体にリアルな情報が行き届かなくなります。

結果、意思決定の精度がどんどん鈍り、成功確率の低い施策を行うはめになったり、「みんなの頑張りでなんとかしよう」と精神論を振りかざしたりしてしまうようになるのです。

こうなると、マネジャーはもはや「はだかの王様」。本人も悪けりゃ、メンバーも悪い。あらゆることがうまくいかなくなってきます。

「公明正大」であることは、チームをうまく機能させる大原則です。

わたしは今、アメリカ法人でも「公明正大」を目指していますが、日本以上に「情報をオープンにすること」に対する反発がありました。

アメリカ発のチャットツールやグループウェアがたくさんあるわけですから、向こうでも情報の徹底公開はスタンダードになりつつある、と想像していました。

しかし、実は日本の多くの会社同様、今でもメール文化が主流でしたし、ピラミッド型に情報を集約し、トップの人が意思決定するようになっていました。

ある意味、日本以上に成果至上主義であり個人主義で、会社は社員を、社員は会社を信じていません。「You're fired!」ですぐにクビが飛び、一切の情報へのアクセスを禁じられる世界です。

日本と同様に、交際費としてだれと食事をし、いくら使ったか、宿泊費としてどこに泊まり、いくらかかったか、オープンにしていると「日本ではこれが当たり前なのか？」と、戸惑いの声が上がりました。

それに対して、わたしはこう答えました。

「日本でもポピュラーな方法ではないけど、これがわたしたちのやり方なんだ。情報をオープンにすることは自分の身を守ることでもあり、周りをサポートすることでもある。それによってチームのパフォーマンスも上がるんだ」

特に、ミレニアル世代やZ世代の若者ほど、共感してもらえているように思います。

効果2
メンバーにマネジャーへの理解が生まれる

これまでの組織は、マネジャーにすべてを背負わせすぎていました。

背負わせたのは間違いなく「上」、つまり経営者たちですが、知らず知らずのうちに、同じチームのメンバーも、マネジャーに求めすぎている部分があったのではないでしょうか。

メンバーを育成し、モチベーションを維持し、彼らの仕事がうまくいくように指導する。そして、チームの目標を達成させる責任がある。

しかも、メンバーは多種多様。自分より社歴の長い人もいれば、コミュニケーションを取りやすい人、取りにくい人もいる。

そんなメンバーを束ね、コーチングして、プロジェクトマネジメントをして、場合によっては自分すら経験のないこと、得意でもないことを勉強して、スキルを身につけて、またメンバーに指導して、リーダーシップを発揮して、ひょっとしたら自分は自分で数字を持っていて……。

考えるだけで胃が痛くなります。

マネジャーに最終的な責任があることは変わりません。ですが、これらは、マネジャー一人で背負うべきことなのでしょうか？

視点を変えます。

マネジャーのみなさんは、メンバーに悩みを抱え込んでほしいですか？　できれば、困っていたら早めに相談してほしくないですか？　相談されるとちょっと嬉しくないですか？

これは、メンバーも一緒だと思います。

わからないことは「わからない」と言う。自信がないものは「自信がない」、できないことは「できない」とメンバーに相談する。

マネジャーに必要なのは、**「清水の舞台から飛び降りる」勇気ではなく、「清水の舞台から飛び降りるのは怖いと言える」勇気。**

「一緒に考えてくれ」と言える勇気。わたしたちは、何でもできる神になる必要なんて、ないのです。

これまで自分の意思決定に自信を持っていた人ほど、あるいは自らを鼓舞するためになんとか無理やり自信を持たせていた人ほど、なかなかその勇気や覚悟は持てないでしょう。

「そんなことも知らないんですか?」「どうしてこんな人にマネジャーが務まるんですか?」「もう信頼できません」と、失望されたくありませんよね。

しかし、「あなたが知らない」という事実も、メンバーにとっては大事な「情報」です。あなたが知らなくて、メンバーが知っていることがあれば、まともなチームなら「じゃあ教えようかな」となるでしょう。

もう一度、思い出してほしいことがあります。

これからの時代、マネジャーは「地位」ではなく「役割」です。そして、その役割とは「意思決定」です。その責任の分だけ、あなたはすこしだけメンバーより高い給与をもらっているかもしれない。

しかし、それは、あなたがほかのメンバーより「偉い」というわけでも「賢い」という意味ではないのです。

このことは、マネジャー以外のメンバーにも理解しておいてもらいたいと思います。チームとは、「目標があって、それを一緒に達成しようとするふたり以上の人たち」のことです。

マネジャーだけが抱え込みすぎているのなら、チームでそれを分散する。マネジャーの勇気と覚悟を、チーム全体で受け入れてあげてほしいと思います。

効果3

一人ひとりに主体性が生まれる

インターネット以前の「個人戦」の時代。会社に、社員の主体性は必要ありませんでした。一人のカリスマがいれば、事業は成り立ったからです。

わたしが銀行員だった頃には、優良顧客を一手に引き受けるセールスの人、データ分析や書類処理のスピードが異常に速い人などが、「個人」として独自の情報やスキルを駆使し、能力を発揮していました。

そして彼らは、情報を「占有」することでほかの人よりも優位に立ち、実際、出世もしていました。

けれども、今の世の中は「団体戦」です。

ガバナンス（企業統治）の観点からも、顧客情報はシステムで管理されていますし、書類の処理やデータ分析も、さまざまなソフトやアプリによってだれでもできるものになりました。

その代わりに必要となってきたのは、一言で言うと「共有する」能力です。

各部門や外部パートナーと横断的にやりとりする。そして、すばやくアイデアを生み出し、それをとにかくプロトタイプ（試作品）の形にして、さまざまなモニターからフィードバックを得る、それをもとにさらに新たな仮説を立てる……つまり、多くの人が関わり合う「チームワーク」が重要になってきました。

自分より頭がいい人なんて、会社の中にきっとたくさんいるはずです。情報を公開した瞬間に、その人たちからアイデアがぶわあっと湧き出てくるでしょう。情報を分断することは、ともすれば、その人たちの主体性を殺してしまっているのかもしれません。


「自分一人でやったほうが早い？」それなら、もはやあなたが「チーム」に所属する意味はありません。

自分一人でできる情報収集の幅なんてたかが知れていますが、１００人いれば１００通りの視点や興味・関心があります。古典から新しいトレンドまで網羅された幅広い知識が組み合わさって初めて、ビジネスをブレークスルーさせるアイデアを生み出せるのです。

以前、長野で「わざわざ」というパンと日用品のお店を経営している、平田はる香さんと話をしました。

彼女は1990年代後半のインターネット黎明期、ウェブデザイナーとして働いていて、お兄さんからウェブサイト制作の相談を受けたそうです。

お兄さんは量子力学の研究者で、自身の研究をすべてオープンソースにして、サイトで公開することにしていました。お兄さんはこう仰ったそうです。

「ぼくの研究を世界中の研究者に見せることで、量子力学の研究は加速するんだ」

研究を自分の手柄にするのではなく、さまざまな人の叡智と組み合わさることで、研究そのものが進化することを望んでいたのです。

それから、平田さん自身も「わざわざ」を経営するにあたって、石窯の設計図から店舗運営の方法、経営戦略、売上推移など、さまざまなデータやノウハウを開示することを意識しているそうです。遠くドイツから「石窯を修理したいので、詳しく教えてくれ」というメールが届いたこともある、とか。

一人ひとりが持っている情報を公開すると、それを求める人が集まり、逆にその人から情報を得ることもあります。ギブアンドテイクの情報共有の流れが生まれ、それを栄養素にまた新しいアイデアは生まれます。

「任せる」と「放任」の違い

自分ができないなら、プロフェッショナルなメンバーにお願いして、仕事を任せる。しかし、これもよく聞かれます。「それって、放任主義なだけじゃないですか?」と。

わたしには、明確に「任せる」と「放任」には区別があります。

決定的な違いは、**自分が責任を取るかどうか、**ということ。成功したらメンバーのおかげですし、失敗したらマネジャーの責任。その違いです。

「放任」は、どちらかといえば「放置」のイメージです。

お題だけ渡して、「あとはよろしく頼む」と声をかけておきながら、数値報告だけで把握した気になってしまう。メンバーがどんなところでつまずいたり、悩んだりしているかもわからないまま、それでいて失敗したら「どうしてできなかったんだ？」と叱責する。

もしそれで成功して、自分の手柄にしようものなら、ブーイングものですよね。

しかし、「自分で責任を取る」となると、明らかに姿勢は変わります。

だれだって失敗するのはイヤですから、なるべく成功する確率が高くなるように、メンバーがどんな情報をもとにどんな意思決定をしているのか、把握しようとするでしょう。

そして、できる限りのサポートを行うはずです。自分が持っているノウハウや知識は共有しますし、迷っているようなら選択肢を提案する。サポートに人をつけるかもしれません。

究極、マネジャーの最後の仕事は「謝る」ことです。

うまくいっているときは、意思決定に基づき、プロジェクトを進めて、「ようやったな」と声をかけるだけでマネジャーの立派な仕事です。

しかし、うまくいかないときもあります。そんなとき、いちばんやってはいけないのは、ハシゴを外すこと。メンバーなりに力を尽くしたのに、失敗の責任まで押し付けられたのでは、たまったものではありません。

うまくいかなかったら、「申し訳なかった。わたしが決定したことだから、責任はわたしにある」と、頭を下げる。そんなマネジャーのチームであれば、きっとメンバーも安心して仕事に励み、チャレンジすることができるでしょう。

ただ、実は個人的に「任せる」という言葉も、あまり好きではありません。「任せる」と言われたら、「期待している」という思いが過度に伝わりすぎてしまう気がするのです。人によっては「信頼されるとモチベーションが上がる」タイプもいるでしょうから、本当に個人的な感覚なのかもしれません。

しかも、「信頼」という言葉もあまり好きじゃないんです。

ここまで読んできた方がお気づきかどうかはわかりませんが、マネジメント関連のビジネス書でよく出てくるはずの「信頼」とか「信頼関係」といった言葉を、この本ではほとんど使っていないはずです。

「信頼」って、「裏切り」と表裏一体の言葉ですよね。

そもそも、上司がやたら「お前を信頼しているから……」なんて言うのは、余計なお世話じゃないですか？

本当に尊敬できる上司だったらまだしも、大して思い入れのない上司から言われても、「ちょっと勘弁してもらえますか」とわたしならなります。

信頼って、多くの場合一方的な思いに過ぎないのです。

すこし話は変わりますが、わたしがサイボウズに入社したのは２０００年２月。その前の年に子どもが生まれました。

10人ちょっとしか社員のいなかったサイボウズの歩みと、子どもが育っていく年月がオーバーラップして見えるときがあります。

妻と、子どもの将来について話していると、たまにケンカになります。「なんでこの子を信頼できないの？」と。

しかし、わたしはこう思うのです。「子どもは親を裏切るものだ」と。

どうしてそんな、一見「冷たい」思いを抱くようになったのか。

ただでさえ、親は「子どもをこんなふうに育てたい」と思い、つい何かと押し付けてしまいます。

勉強のやり方、進学先、もっと細かいところであれば、夜は何時に寝るのか、朝ごはんを食べるのか食べないのか、といった生活態度。どこまで親が管理すべきなのか、どこまでを個人の考えとして承認して、信頼すべきなのか。

わたしはこう考えています。

親が選んでも、子どもが選んでも、確率や短期的な成果の違いはあれど、正解は最後までわかりません。わからないなら、信じる・信じないではなく、受け入れるか・受け入れないかで考えるべきだ、と。

その子の、その人のやり方を受け入れる。親は親の、マネジャーはマネジャーの考えを語ることはできますが、やり方を縛ることはすべきではない。

自分の期待に応えてくれることを「信じる」。じゃあ、そのメンバーの働きが、自分の期待値を越えなければ、それは「裏切り」なのでしょうか。

違うはずです。**マネジャーが信じるべきなのは、「メンバー個々が自分なりの最善を尽くしている」**という事実です。

子どもたちが、自らの人生を自分の手でなんとか良い方向にしようとしているのと、同じように。

CHAPTER 4 /

**最軽量のマネジメントは
「情報の徹底公開」たったひとつ**

CHAPTER

5

だいたいの問題は「説明責任」と「質問責任」で解決する

マネジャーには「説明責任」メンバーには同等の「質問責任」がある

マネジャーの仕事は、情報の徹底公開。前章ではそれについて述べましたが、徹底的に公開した情報を**機能させることで、マネジャーの仕事はもっともっと軽量化**していきます。

そのための強力なキーワードが、サイボウズ内で「おはよう」の挨拶の次くらいに飛び交う「説明責任」「質問責任」という言葉です。

「会社が説明責任を果たす」という言い方は一般的にも聞きますが、「質問責任」というのはあまり馴染みがないかもしれません。

質問責任とは、単純にいうと「わからないことがあったら聞いて」ということです。

あるとき、ふと思ったのです。

「説明する責任を果たそうと思っても、メンバーが『何がわからないのか』を言ってくれなかったら、こっちも何を説明していいかわからない」

そもそもメンバーが何を聞きたいのか、つまり、**何を知りたくて何はどうでもいいのか、は一人ひとり違う。**

その人にとって必要か必要でないか、すらわからないのに、何から何までマネジャーが「全体に向けて」説明するのは、あまりに効率が悪い。的外れになります。

たとえば、会社で新規事業が立ち上がった際、他部門の社員からこんな声が聞こえてきます。

「これまでのうちの事業とあまり関連もないし、うまくいかないんじゃない？」「あれは社長の肝入りらしいけど……正直、意味がわからないよね」

新橋の焼き鳥屋あたりで、先輩と後輩が飲みながら陰口を叩く。こういうことって、本当によく起こりますよね。

悪い噂や陰口というのは、得てして「みんな」が反対している、「みんな」うまくいくと思っていない、などと、ざっくりとした「まとまり」で流れてきます。

曖昧な「みんな」という言葉に支配されながら、ネガティブな雰囲気は広がっていきます。そして、それに惑わされて、「もしかしたら社員はこう考えているかもしれない。なら、こう答えておこう」と憶測のもと説明する。

結果、プロジェクトが尻すぼみになったり、焦点の定まらない施策を打ってしまい、効果があったのかどうかわからないまま、なんとなく収束してしまったりするのです。

すごく、無駄ですよね。

そもそも噂や陰口が生まれる原因は、情報の不足です。

それなら、「前提として、はじめから情報はすべて公開しておきます。わからないことがあったら、裏でコソコソ言うんじゃなくて、各メンバーの質問責任としてぶつけてください。質問してくれたら、わたしはマネジャーの説明責任として答えます」の方が、お互い楽ですよね。

これこそ「公明正大」な関係です。

メンバーからしても、聞く意味がないことは聞かなくてもいいわけですから。

そもそも質問責任を訴えなければマネジャーは大変すぎる

サイボウズが「質問責任」と「説明責任」と口すっぱく言い続けているのは、そもそも質問責任を訴えなければマネジャーは大変すぎる、と思ったからです。

よりコミュニケーションが円滑になるように、よりモチベーションが上がるように、これまでサイボウズでも、いろいろなマネジメント方法を考えて実行してきました。

グループウェア上に「秘密の相談窓口」「社内通報窓口」という人事へのホットラインをつくったり、「お弁当つきランチミーティング」という希望者は社長やわたしに直接相談できる機会をつくったり、研修やワークショップを取り入れたり……。社員がなるべく率直に質問や意見を述べられるよう、思いつく限りの方法や場を提供してきました。

けれども、不満やモヤモヤは、海の底のヘドロのように溜まっていきます。

いよいよ最終段階になってしまい、「退職させてください」というメンバーに話を聞いてみると、「えっ、なんでそれを早く言ってくれなかったの！　もっとやりようはあったのに」と、後悔することがたびたびありました。

そのたびに、「もっと言葉を尽くしていれば」「もっと丁寧に説明していれば」と責任を感じていたのですが……わたしもエスパーではありませんから、もう限界を感じたのです。

「そんなん、言ってくれんとわからへん！」と。

こういった事態を防ぐために重要なのが、「質問責任」と「説明責任」なのです。

みなさんも、上司から「わからないことがあったら、遠慮なく聞いてね」と声をかけられたことがあると思います。でも、そう言われて、質問したことありますか？　あるいは反対に、メンバーに「何かあったら言ってね」と声をかけて、何か言ってもらえたことはあるでしょうか。

そこに足りなかったのは、「自分にも質問責任がある」という自覚です。

この関係ができれば、メンバーは質問しなかったら、逆に上司から**「なんで質問しなかったん？」**と言われるわけです。

もちろん、興味のないこと、自分には関係ないと思うことには、**「質問しない」という権利もあります。**

メンバーの主体性、自立という観点からも、「あなたが今いる職場をあなたにとってより良いものにしたいのであれば、あなたには質問する権利としない権利がありま す。それを選択するのはあなた自身です」と伝えました。

こうしてサイボウズでは、マネジャーが持つ「説明責任」に対して、同等に、疑問や問題を放置するのはメンバーにも責任があるというメッセージを込めて、「質問責任」と呼ぶようになりました。

ある意味、マネジャーからメンバーへの「責任転嫁」かもしれません。

しかし、「みんなが」とか「かもしれない」とか、そんな曖昧な言葉に右往左往するより、単刀直入に質問し、逃げずに説明する――。そんなやりとりのほうが、よっぽど建設的に議論を深め、物事を進めることができます。

そう考えると、このやりとりはマネジャーの最大の役割である「意思決定」の質を高める手段とも言えるのではないでしょうか。

一点、特記しておきたいことがあります。

質問責任という言葉は、会社によっては、「社員は経営者視点を持つべき」「一人ひとりがアントレプレナーシップを発揮してほしい」という話に飛躍することがあります。

サイボウズは、**すべての社員が自走型の人材として活躍してほしい、とは思っていません。**

いろんな人がいていい、と考えています。

新規事業を生み出す起業家マインドを持っている人もいれば、やると決まったことを淡々とでも着実に遂行してくれる人……。サイボウズでも、全員が全員質問するわけではありません。疑問に思うことも当然、違います。

ただ、すぐに質問ができる風土さえあれば、それでいいのです。

みんなが見ているところで尋ねる みんなが見ているところで答える

この話を講演会でしたとき、参加者から質問がありました。

「上司は説明責任、現場は質問責任とありましたが、それは説明を受け止める姿勢と、質問を受け止める姿勢があって初めて成立するのかなと感じます。『質問しろ』と言いながらも、上司がやり込めて質問をつぶしちゃったり、こんなことされるんだったら質問なんかするか、っていうケースがままあると思うんです。その『受け止め合う関係』をつくるには、何から着手すればいいのか教えてください」

めちゃくちゃいい質問、というか厳しい質問ですよね。

この質問にわたしはこう答えました。

「『密室』がダメなんですよ。たとえば個人面談とか、自分と上司以外だけの空間、つまり『だれも見えないところ』で質問するから握りつぶされるんです。でも、みんながが見ているところで質問すると、簡単に逃げられなくなると思うんですよね」

これは、オフラインでの「密室での会話」という意味だけではなく、オンラインでも同じことが言えます。ダイレクトメールも、1対1という観点から見ると密室です。

しかし、グループウェア、つまり「パソコン上にある、会社公式にみんなが見ているところ」だったらどうでしょうか。

上司がそこでいい加減な受け答えをしたら、いい加減なことを言っている、とみんなが知ることになります。

「これおかしいよね」と思っても言わずにいる。上司に伝えたらどう思われるかわからないから不安。もしくは一人の上司に言っても相手にされなかった。

それはきっと、情報（疑問や提案）の出し方が中途半端だったのです。

おかしいと思うなら、もっと「広く」公開すればいい。上司だけに公開するから、密室になって、握りつぶされたりするのかもしれない。

それなら、多くの人にも公開して、その上で上司に答えてもらう場をつくっていく。会社が説明責任から逃げられない状況をつくっていくのは、すごく大事なことです。

わたし自身も過去に痛い目をした経験がありました。

本当に、全社員がツッコんでこられるわけですから、「この回答、どう言う意味ですか？」と言われれば、説明責任を果たさないわけにはいかないのです。

実例1
スイカ割りのスイカに競合の名前を入れるのは適切か？

誤解しないでいただきたいのは、これは上司を詰めることが目的ではない、ということ。ソーシャルで脅せ、ということではありません。

みんなで疑問や提案を共有することが、人の姿勢を正すことにつながります。

みなさんが困っているのなら、きっと上司も困っているはずです。だからこそ公開して、「いっしょに考えよう」とやっていくのです。

だれでも参加できるオープンな場でやりとりをすると、はじめは1対1の視点だったところに、さまざまな視点が加わります。ほかのメンバーも加わって議論が巻き起こることもあります。そのプロセスを通じて、会社の意図や上司の考え、メンバーの思いをそれぞれが深く理解することになりますし、状況を改善させるアイデアが生まれることもあるでしょう。

そこで生まれたアイデアは、そもそも過程もすべて公開されているわけですから、あらたにいちいち説明に時間を割く必要もない、というわけです。

サイボウズでもこんな事例がありました。今から10年近く前のこと。大企業向けグループウェア「ガルーン」のバージョンアップに際し、社内向けのキックオフイベントを開催したあとのことです。

パートナー企業も交えて余興や懇親会などを行い、大いに盛り上がったあと、社内掲示板でもズラッとお祝いの言葉が並びました。和やかなムードの中、イベント中に撮影したとある写真が投稿されました。

「スイカ割り」でヒビの入ったスイカが写っています。よく見てみると、そのスイカには、ある競合他社のソフトウェア名が書かれていました。

その投稿を見たある社員が、直後にこのような趣旨の書き込みをしました。

13:[redacted] 2010年08月18日（水） 22:18

ガルーン3開発に関係された皆様
本当にお疲れ様でした。

5年ぶりのバージョンアップ、大幅なライセンス体系の見直しなど、一営業として、非常にワクワクしています。あとは、営業としていっぱい売るということに全力を注ぎたいと思います。関西でも楽しみにしてくれているお客様・パートナー様はたくさんいます。その期待に応えられると思いますし、応えなきゃいけないと思いますので、がんばります！！

ただ、お祝いの状況に水を差すことになるかもしれませんが、下記の一連のやり取りには、疑問を感じてしまいました。
僕は大阪にいて、現場にいたわけではないので、会場の空気や雰囲気は全くわかりませんが、写真を拝見させていただき、何か違う気がしました。
悲しくなったいう表現が一番でしょうか。

打倒[redacted]という意味で、みなさんのいろんな想いが込められているとは思いますし、一致団結して圧倒しようということだということは理解しています。

でも、これは僕は公明正大ではない気がします。
（青野さんの考える公明正大の捉え方が違っていたら申し訳ありません。）

[redacted]に対する想いは、みんな一緒だと思っています。
悔しい思いもみんな同じだと思います。
だからこそ、正々堂々と戦って、圧倒したいというのが個人的な思いです。

お祝いのコメントが並ぶこの掲示板に水を差すような内容を記載してしまい、申し訳ありません。何も状況をわかっていないのに、偉そうなことを言っていることも承知ですし、解釈ばかりの文章になっているとも思っています。
ただ、批判や非難をしたいわけではありません。

気分を害された方もいらっしゃると思います。本当に申し訳ありません。
しかし、こういう風に感じる人間がいるということを理解いただければ幸いです。

6 いいね！

「お祝いに水を差すかもしれませんが……すこし悲しくなりました。『打倒〇〇』と団結する意図なのでしょうが、あまり『公明正大』なやり方ではないのではないでしょうか」

彼は、大阪に勤務する社員で、東京で開かれたイベントに参加したわけではありません。しかし、その投稿を見て、至極冷静な立場で少々悪ノリが過ぎた場の空気を戒めたのです。

彼の言葉からはじまった議論にとても感動しました。そしてわたしも、こんな言葉を書き込みました。

「サイボウズがやりたいのは『お客様の仕事を便利にすること』であって、競合他社を潰すことではありません。チームのベクトルを合わせるため、ライバルを明確にすることはよくありますが、行き過ぎた表現は目的を見失ったかのような印象を与え、逆にベクトルが食い違ってしまうこともある。それに気づかせてくれる貴重な指摘でした。ひと昔前から考えると、こんな議論ができるようになったことに、チームとしての成長を感じました」

実例2
新入社員がイヤホンを聞きながら仕事するのはアリか？

もうひとつ、最近でも印象的な議論が起こりました。

ある新入社員が研修中、イヤホンで音楽を聴きながら仕事をしていました。その是非についてあるスレッドでの議論です。

A：音楽を聴きながら作業をすることについて、営業メンバーから「あれはどうなの？」という声が上がっています。多様性を認めるという点ではいいのではないかと思いますが、「こう感じる人もいるよ」と認識してもらうのも彼らにとって大切な要素だと思います。どうしましょうか？

B：特に「作業中はイヤホンをつけてはいけない」とは伝えてはいませんでしたが、確かに伝えたほうがよさそうですね。仕事をするうえで、ちょっとした思いやりを持って、お互いに気持ちよく仕事できるように心がけることの重要さも伝えられたらと思います。

C：本質的な仕事の進め方に関すること以外の指摘は、辞めておいたほうがいいんじゃないでしょうか。もちろん、会議中はダメですが個人作業中なんですよね？音楽を聴きながらのほうが生産性が上がるという意図でやっているかもしれません。その程度のことをいちいち指摘していたら、どんな人に成長するのでしょうか。事前にあれこれルールで縛るより、やってみて何か弊害があったら、それをルールにしていくという考え方が良いと思います。

D：個人的にはCさんの意見に賛成です。イヤホンくらいで注意を受けていたら、ちょっと嫌な気持ちになります。開発では音楽を聞きながら作業することはわりと普通のことです。新人さんからすれば、「そういう姿を見て、違和感を持つ人がいる。ぼくもそう思ったよ」と言われたら、事実上「音楽聞きながら仕事をしてはダメ」と感じてしまう気がします。

E：わたしは「音楽聞きながら仕事をしてはダメ」と伝えたいのではなく、「そういう姿を見て、そう思う人がいるよ」ということを伝えたいと思っています。それが「多様性を認める」第一歩かと。伝えた上で、本人が「これがいちばん集中できる方法なんです」と言えば、それを認めて、本人がそこまでこだわってないのならば、「あ、マズい」と思うかもしれません。なので、Aさんは単なる「上からの指示」でなく、本人に気づきを与える形で伝えてもらえるとありがたいです！

F：新人に伝えるのであればオープンな場所で、すべてひっくるめて伝えてほしいです。口頭や非公開な場所で伝えた場合、どうしても「先輩・チューターVS新人」

という上下関係ができてしまい、「ダメ」と捉えられてしまうでしょう。先輩たちにも多様な意見、考え方があるというのは、ぜひ新人の方々にも理解してもらいたいので、ここでの議論をまるまる伝えた方がいいと思います。

A：みなさん、さまざまな意見をありがとうございます！　個人的には問題ないと考えていますが、そう感じる人もいることは理解してもらったほうが、お互いにとって良いかもしれません。考え方はさまざま、それぞれ理解もできますし、葛藤しています。伝えたほうがいいのか、でもサイボウズは多様性を認めているし、やり方は自由だよな、と。この葛藤は、きっとその人自身の成長にもつながると思います。多様性をお互いに認め合うのであれば、やはり伝えるべきでしょう。新人だから「ダメ」と言うつもりもないです。働き方は違って当たり前で、職種による文化の違いも当たり前。でも目指すべき方向は同じで、お互いに成長できるように理解し合っていければいいなと思います。ということで、まずは自分もイヤホンをして仕事をしてみます！

G：……Aさんがキレイにまとめてくれたあとで申し訳ないのですが、本当に伝える必要があるのでしょうか？　タバコで休憩する人を良く思わない人もいるでしょうし、仕事中におやつを食べている人を良く思わない人もいますが、その人たちはタバコを吸う人、お菓子を食べる人に「よく思っていません」と伝えるでしょうか？　結局、今回新人に伝えて、残るのはモヤモヤだけな気がします。多様性の話になっていますが、個人の好き嫌いをあえて伝えようとしているだけで、多様性で括ることに違和感を覚えます。

どうでしょう……。見事なまでにバラバラ、どう議論が収拾するか、わかりませんよね。

こんな些細なことを、これほど真剣に議論しているのか、と驚く人もいるかもしれません。けれども、このやりとりを見るだけで、サイボウズにはいろんなメンバーがいて、みんな主体的に会社のことを考えている、とも感じてもらえるのではないでしょうか。

このやりとりはまるまる、グループウェア上で公開されました。

そして、当事者の新入社員からは結局、こんな意見をもらいました。

「こんな大事になるくらいなら、はじめからその場で直接、公明正大に言ってほしかった」

この返答には、わたしも一本とられました。これが、サイボウズの考える「公明正大」です。

「おかしい」と言える自立は、いつかマネジャーとチームを楽にする

それにしても、サイボウズの社員の質問責任には、驚かされることがあります。

この本を書いている最中のことですが、わたしのツイッターに対して新人たちからいきなりダメ出しがありました。

「写真が昭和くさい」「プロフィールに意味のない情報が多すぎる」と。

おっしゃるとおり、わたしは昭和のおじさんですし、センスもありませんから、彼らにプロデュースをおまかせすることにしました。「アイコンはこの写真にしてください」「背景はせっかくアメリカにいるんですからサンフランシスコの写真にしましょう」……。もう、言われるがまま、です。

すると、ツイッター上で話題となり、わずか数日で、フォロワーが3倍にもなった上、偶然だとは思いますが……サイボウズの株価まで上がりましたから、驚きです。

新入社員や中途社員の頃って、まずは「目をつけられないようにしよう」「業務をちゃんとできるようになってから改善案は伝えよう」と思ってしまいがちですよね。にもかかわらず、サイボウズのメンバーは社内で課題を感じたら、何かしら自分で行動したり、人事や上司に伝えたりしています。

それは、つね日頃から徹底した情報公開によって、「だれが発言してもいい」という心理的安全性を感じてくれているからでしょう。

サイボウズのグループウェア上には、直接的な業務の進捗以外のこと、普段ならいわゆる個人のツイッターでつぶやくようなモヤモヤも投稿していい、という文化があります。

ある日、新人社員が「タスク管理がうまくできない」とつぶやくと、それを見た先輩社員がそれぞれのタスク管理方法を共有しはじめ、最終的には「タスク管理についての勉強会を開こう」という話になっていたこともありました。

反対に、「質問責任」がない会社のことを想像してみてください。

メンバーが不安に感じていそうなことを、すべてマネジャー側が察知しなければいけません。察知できなければ、なぜかメンバーから文句を言われてしまう。「あの人は何もわかってくれない」と。

しかし、「質問責任」があるチームであれば、「不安を感じているなら、教えて」と言えるわけです。

結果、マネジャーが過保護に世話をするのではなく、メンバー自らが「自分は何に対してモヤモヤしているのか」「困っていることは何か」を考え、行動するようになります。

そのあとなら、存分に周囲のチームメンバーに頼っていい。

このような状態を、サイボウズでは一人ひとりが「自立する」と表現しています。

以前、サイボウズ式で、精神科医の熊代亨先生が**「自立の正体は上手な依存だ」**とおっしゃっていました。

まさに「質問責任」は、メンバー一人ひとりが、チームに上手に依存できる「自立」状態をつくり出してくれるのです。

説明責任を果たすためにマネジャーは「書く、書く、書く」

メンバーの「質問責任」の次は、マネジャーはどう「説明責任」を果たすのか、について。

わたしの答えは、「書く、書く、書く」です。

「ザツダン」を始めた際、実は同時期にブログも書きはじめました。

「ザツダン」中、いろいろな話題が出てきます。「この制度って、どういう目的なんですか?」「これはどういう意味ですか?」……といった疑問。

それに対して、その場で答えていくのですが、「これはみんなにも知っておいてもらいたい」「いろんなメンバーから何回も聞かれるな」ということが積み重なっていきます。

そこで、社内向けにブログを書きはじめることにしたのです。しかも「どうせやるなら毎日書き続けよう」と。

毎朝8時から1時間、わたしのスケジュールにブログを書くための時間が加わりました。

記事の内容はさまざまです。

新入社員が入ってくる時期には、「ちゃんと挨拶しろ!」なんて声が聞こえてきますよね。そしたら、新人に聞かれるわけです。「なんで挨拶する必要があるんですか?」と。

聞かれたら答えないといけませんから、「それは、新人だからやん。社会の常識やで」と答えるとします。すると、「なんで新人だからしないといけないんですか？」とさらに聞かれるのです。そしたら「新人やから挨拶をせなあかんわけちゃうな、大事やから、やな。それやったら先輩も上司もみんな挨拶せなあかんよね。でけへんねやったら新人にだけさせるのはやめよう」などと考えるようになる。で、その答えをブログに書くわけです。

そういった比較的ゆるいものから、「マネジャーの役割とは」「責任の取り方について」、仕事の本質的なことなど、さまざまな角度から綴りました。

そのうち、メンバーから「ブログに書いてあったあのことについてなんですけど……」「あれを読んで、ぼくも考えてみたんですけど……」という声を聞くようになりました。

つまり、**ブログをとおして説明責任を果たしていると、メンバーの質問責任も活性化した、**ということです。

これが、質問も説明も公開の場で行うメリットでしょう。

そのうち、この内容を社内だけでなく、これからサイボウズで働く可能性のある人にも読んでもらえたら、採用の時点からミスマッチを減らせるかもしれない、と思い、2年目からは「まるボウズ日記」として社外にも公開することにしました。

「書くこと」は、人を確かにします。

毎日「人に伝えたいことを書こう」と考えると、否が応でも自分の頭の中を整理するしかありません。生活にも緊張感が生まれますし、本を読む量も増えます。そのたびに、「そうか、こう考えていたんだな」と自分の考えが明らかになっていくのです。

自分自身、亀の歩みながらも、日々何かが蓄積されているのを実感しています。

マネジャーをしているみなさんも、日々本を読んだり、研修に参加したり、さまざまなインプットを実践されていると思います。

しかし、そうして得た知識を、解釈し、咀嚼し、アウトプットする場所を持っていますか？

足りないのはインプットではなく、アウトプットなはずです。

ブログは、その**ちょうどいい訓練**であり、メンバーとの**ちょうどいい距離感**を持ったアウトプットなのです。

人に何かを伝えるために書くものではあるけれども、ブログは上段に構えて「わたしの話を聞け」というものではありません。強制的に読ませるものではない、読みたいときに読めばいい。そのあり方が、ちょうどいいのだと思います。

課題は日の当たるところに置く 一人で抱え込んでいると腐る

マネジャーはブログを書くほどヒマじゃない？　ほかにもやらなきゃいけないことが山ほどある？

わかります。会社から求められているのは、とにかく「数字」ですよね。

数字に追われると、ほかのことが何も手につかなくなります。だからこそサイボウズは成果至上主義を辞めたのですが、世の中の大多数の会社では、そうはいかないかもしれません。

しかし、だからと言って、「会社から課せられた課題」を、どうかマネジャー一人で背負いこまないようにしてください。抱え込まないでください。

課題というのは、オープンにした時点で、もう解決に向けて走りはじめます。抱え込んでいると、当然周りからは見えません。暗い冷蔵庫の奥の方で腐っていく食材、と同じ。気づいたときには問題は悪化していて、悪臭を放っているかもしれません。

それなら、問題がわかった時点で、腐る前にまずオープンにする。ブログでもグループウェア上でも何でもかまいません。

オープンにすると、あなた1人、もしくは相談されたメンバーと2人だけだった「当事者」が、3人、4人と増えていきます。

課題は、光の当たる明るい場所に置いておきましょう。

マネジャーが課題を棚卸しすることは、メンバーにとっても、チームというひとつの集団に所属している実感を得られる契機にもなります。

「話してもらえた」という実感は、自分の存在を認められることと同じです。

新卒、あるいは中途採用で入社した。異動で別の部署に移った。つまり、新しいチームで働きはじめた人の気持ちって、どのような状態でしょうか。

自信満々というよりは、「ここにいていいんだろうか」「居場所はあるだろうか」と、自分の所在のなさを感じているのではないでしょうか。

「マネジャーに期待されていないかもしれない」「チームの足を引っ張っているかもしれない」といった疑心暗鬼は、やがて膨れあがります。

しかし、マネジャーが課題をオープンにしてくれるだけで、メンバーは行動に移すことができます。そこでもし、何かできることがあれば、チームに対して貢献できているという実感が得られます。

「マズローの欲求5段階説」では、自己実現欲求は承認欲求の上にあります。

つまり、承認欲求が十分に満たされて初めて、自分が何を成し遂げたいか、何を実現し、チームに対してどのように影響力を発揮しようか、という主体性が生まれていくのです。

マネジャーにも質問責任がある「おれもわかんないんだよねぇ」はナシ

マネジャーには説明責任があります。しかし、メンバーからの質問に対して答えられなかった場合、どうしますか？

「憶測で伝える」「自分が知っている範囲のことを伝える」「当たり障りのない話で煙に巻く」「おれも『上』のことはわかんないんだよねぇハハハ……」

すべて不正解です。

その「ハハハ……」が上層部と現場の断絶を生む原因。

「いやぁ、うちの社長ってほんと、何考えてるかわかんないよねぇ」と、部長が飲み会の席で言う。以下、課長も若手もみんな「う〜ん」と首を傾げている。

あの時間って、何なんでしょう。

マネジャーにはメンバーに対する「説明責任」もありますが、自分が何かわからないことがあるならば、同じように、上に対する「質問責任」があります。

もし自分だけでわからないなら、上司に聞く。

「憶測で伝える」「当たり障りのない話で煙に巻く」は論外ですが、「自分が知っている範囲のことを伝える」というのは、「上に迷惑をかけちゃいけない。でも下を納得させたい。自分がなんとかしなきゃ」という責任感の表れかもしれません。

しかし、そこは**「わたしにかかっている」**ではなく**「上にパス」**でかまいません。

もし自分だけで意思決定できないなら、上司に委ねる。

「意思決定する」というのは、「何でもかんでも自分で決める」ということではありません。**「だれに委ねるのかを決める」ということも、立派な意思決定のひとつ**です。

上に対する期待値を上げすぎないでください

今は、マネジャーにとって試練のときであり過渡期でもあります。大変です。

それなら、この本をメンバーに読んでもらうのもひとつの方法かもしれません。きっと読んだら「うわぁ、マネジャーってめっちゃ大変やん」と実感してもらえるはず。

何が言いたいのかというと、メンバーにお願いしたいのは「マネジャーに対する期待値を上げすぎないでほしい」ということです。

当たり前のことですが、**「社長」も「部長」も、立派な肩書きをつけてはいますが、みんな普通の人間**です。意思決定を繰り返してきたぶん、多少強く見える部分はあるかもしれませんが、だいたいはしょうもないことでクヨクヨしたり、人知れず弱音を吐いたりする人間です。

わたしみたいに。

完璧な人間なんて、だれ一人いないんです。「この人についていけば絶対うまくいく」なんて確証もない。もちろん、うまくいくように「上」だって努力しているでしょう。

しかし、会社ってチームです。松下幸之助の言葉を借りるなら「公の器」です。「売上」という形でお客様からお金をお預かりして、預かったお金でより良いものをつくって、またお客さんに提供する。そしてまたお金を預かって、よりいいものをつくって……そうやってお金を循環させていく。

そのために、ひとりじゃなくてチームでやっているのです。

ですから、不完全なところがあっても、お互いに歩み寄って、「しゃあないなぁ」と思いながらも、率直に指摘し合って、補い合いながら、チームをうまく回してほしいと願います。

CHAPTER

6

会社そのものがなくなる時代に人はどうやって働くのか

シリコンバレーでも「働きやすさ至上主義」は貫けるか

「ザツダン」「情報の徹底公開」「説明責任と質問責任」

この3つを中心に、公明正大なチームを目指し、サイボウズの離職率は4％にまで改善しました。

そしてわたしは、次なるミッションに取り組むことになります。サイボウズのアメリカ法人の立ち上げです。

サイボウズは2001年に一度アメリカへ進出していましたが、撤退。改めて2014年7月、いちからチームを立ち上げることになったのです。

何のコネもなく、単身やってきたシリコンバレー。資本主義、そして個人主義。個人は自立しているけれど、そのぶん会社のことも信じない。わたしたちとは文化も習慣も、価値観も大きく違います。

わたしたちも一時はまさにそのシリコンバレーに倣い、理想を掲げ、ゴリゴリの成果至上主義でチームをマネジメントしようとしていました。

結果は、離職率28％。たび重なる業績下方修正で、株価は暴落。けれども、幸か不幸か挫折して、今のサイボウズがあります。

そんなわたしたちの次なる挑戦こそ、シリコンバレーでも「働きやすさ至上主義」を実現する、公明正大なチームをつくることでした。

日本で離職率を4％まで下げてからの米国法人で「57％」という記録越え！

とはいえ、まずは郷に入れば郷に従え。

わたしはとにかくチーム編成を優先しなければ、何かコネクションにつながれば、と、経営者視点でチームをマネジメントできるアメリカ人ネイティブの採用を目指しました。

そこで興銀時代の親友から紹介されたのが、現在アメリカ法人のCEOを務めるデイヴ・ランダです。

サイボウズの企業理念や主力サービスである「Kintone（キントーン）」とその可能性について、懸命に語りました。数日後、彼から「もう一度会って話がしたい」と連絡がありました。そして開口一番、こう伝えられました。「今の会社を辞めて、サイボウズで働きたいんだ」と。

こうして、第1号社員となるデイヴの入社が決まり、二人三脚でチームをつくっていきました。

日本で上場しているとはいえ、アメリカではだれも知らない会社です。しかも、立ち上げたばかりの子会社。興味を持ってくれる奇特な人はそういません。

シリコンバレーのあるサンフランシスコは、バブルを彷彿とさせるほど年々物価も地価も上昇していて、それと連動するように給与は超高水準になっています。

さらに多くの会社では、個人の成果連動で賞与が決まり、最低でも半年ごとに10％

以上の昇給希望が当たり前。

そんな状況のため、長期で働いてもらうどころか、そもそも人を増やせるのかさえ自信が持てませんでした。それでもなんとか採用を続け、現地でメンバーを増やしていったのですが……。

立ち上げから3年が経ち、待っていたのは驚異的な数字でした。なんと、2017年の離職率が57％にまで上りました。

日本時代にわたしが打ち立てた「離職率28％」の記録をはるかに上回る、2倍以上の数値を叩き出したのです。

「いやあ、こんなはずやなかったんやけどなぁ……」

わたしはまたアメリカで、「みんなが働きたいと思えるような会社をつくる」という振り出しに戻るはめになったのです。

アメリカで取り組みはじめたのも、やはり「ザツダン」でした。

状況は、日本にいたときより深刻です。

営業も開発もマーケティングもできない。くわえて今回は英語さえロクにできない。絶望的な状況です。「必死のパッチ」で、デイヴをはじめメンバー一人ひとりの話を聞き、ときにはサイボウズとしての理想やビジョンを語りました。

するとと見えてきたのは、やはりここにも100人100通りの生き方、働き方、考え方がある、ということでした。

一点異なった点は、自己主張の強さでした。

日本で「ザツダン」をしていたときは、「何かある？」と問いかけても「いや、問題ないです」「うーん、特にないですね」と、本音を言ってくれる人がいなくて苦労しましたが、そこはさすがアメリカ。「こんな課題があるんです」「あれ、どうにかしてもらえません？」と、明確な答えが返ってきました。

それどころか、「もっと給与を上げてくれないか」「忙しすぎるからもっと人を採用してくれ」と、会社に対する要求も手厳しい。

そして、不満があればすぐに辞めます。

一方で、会社の事情ですぐに社員を解雇することもアメリカでは許されています。「昼休みにランチを食べていたら、その間に解雇が決まって、もう二度と席に戻れなかった」なんて都市伝説のような出来事が実際に行われています。

当然、社員は会社を信じていませんし、忠誠心も低い。離職率57％という絶望的な数値には、こんな背景もありました。

しかし、この環境で、わたしが日本で取り組んできたマネジメントを実現できてこそ、本物です。

自分を奮い立たせて「ザツダン」を続け、「100人100通りの働き方」に近づいていきました。

結果、グーグルやセールスフォースという、すばらしい会社に勤めていたメンバーが「サイボウズの柔軟な働き方と文化が気に入った」と入社してくれることになり、人が人を呼ぶサイクルが生まれていきました。

彼らにとっては、個人として、自分がこの会社で働くことでどんなキャリアを積むことができるのか、そして何を実現できるのか、が重要です。

それに対して、サイボウズは「チームワークあふれる社会を創る」という理念を掲げ、「これに共感してくれるなら、ぜひあなたの個性を発揮して手伝ってほしい」と呼びかけます。

互いの理想を持ち寄り、100人100通りのあり方を認める。自立したメンバーの多様な個性を尊重し、公明正大に、議論する。

結果として、アメリカ法人の離職率は10％にまで持ち直しました。

ミレニアル世代がすぐに会社をやめていく理由

そもそも、人が辞めていく理由は、どこにあるのでしょうか。

大企業の役員の方と、働き方の多様性について話していると、よくこんなことを言われます。

「サイボウズさんだからできるんですよ」

そんな悠長なこと言っていて、いいのでしょうか。

今やミレニアル世代はもちろん、その下のZ世代も働きはじめている時代です。彼らは「会社が合っていない」と感じたら、容赦なく辞めていきます。

インターネットで世界中のさまざまなニュースに触れられる。つまり、彼らは「主体的に居場所を選択できる環境」にあります。

彼らが会社に求めているものは、何なのでしょうか。

経済競争によって生じる社会問題、凄惨な事件、紛争。それらを目の当たりにして、富を得ることとイコール幸せではないことに、子どもの頃から気づいている。一方で、それなりの経済的なゆとりを確保して自分の人生を実りあるものとしたい、とも考えている。

そのために、自己実現を果たし、自分の幸せはもちろん、周りの幸せも叶えたい、そして社会的な影響力を発揮したい。

彼らが会社に求めるのは、「未来の可能性」です。

にもかかわらず、相変わらず「昭和のマネジメント」を続けている会社は、間違いなく敬遠される運命にあります。

・成長できる実感が得られない
・やりたいわけではない仕事、得意でもないことを押し付けられる

・上司はハラスメントを気にして微妙な距離感で接してくる
・非効率的な業務フローが未だに残っている
・働き方改革と言いつつ業績目標は据え置き

そんな会社で、彼らが「働き続けよう」と思うはずがないのです。

アメリカに来て、本当によくわかったことがあります。

会社という組織は今、大きな岐路に立たされています。「資本主義のアップデート」という抗えない流れに。

世界時価総額企業ランキングを見ると、トップの10社中、8社はアメリカ企業です。50社まで見てみると、アメリカ一強の牙城に中国が切り込む一方、日本企業は唯一トヨタ自動車が40位台に留まるだけ。

このランキングが意味しているのは、ますます拡大する貧富の差です。

「GAFA（グーグル、アップル、フェイスブック、アマゾン）」を筆頭に、一部のIT企業や金融機関などの社員や投資家が富を得る一方、その恩恵を受けられず、日々の暮らしに困窮する人々が増えています。

製造業や農業が産業の中心となってきたアメリカ中西部や南部はもちろんのこと、

比較的豊かな東海岸、西海岸でさえ、地区によってはホームレスや車上生活者が貧しい暮らしを余儀なくされているのを、わたしはこの目で見てきました。

アメリカの若者たちはその状況を目の当たりにして、立ち上がりはじめています。このまま放置していいはずがない、と「ＧＡＦＡ」で働きながらもＮＰＯ法人を立ち上げたり、ボランティアに熱心に取り組んだり、社会貢献に人生のリソースを費やしている。

彼らは、新しい資本主義のあり方を模索しているのです。

これまでの資本主義は、端的に言えば「株主の利益追求が優先され、会社が株主によって支配される社会」でした。社員には、四半期ごとの短期的な目標をクリアすることが求められ、長期的観点からの投資は株主を説得しなければ難しかった。

それに対抗するように、今起ころうとしているのは「会社の民主化」です。

会社を市民の手に取り戻し、まさに「社会の公器」とする。

株主だけでなく、そこで働く社員、顧客、取引先などあらゆるステークホルダーが、一人ひとり意思ある「人間」として、健全に暮らせるビジネスモデルを実現すること。

「消費する側」として、会社が生み出した享楽に金銭を費やすのではなく、「自ら参画する側」として、より社会的意義の高いものに投資し、自分も影響力を発揮する。

そうやって、働くこと、楽しむこと、生きることがゆるやかに接続している状態が、新しい時代を生きる若者の目指す世界です。

「会社さん」なんていない 会社のために働く必要なんてない

社員に対して、関西弁で口すっぱく伝え続けている言葉があります。

「会社さん、なんておれへんで」

社長の青野も言っています。

「会社なんて、実体のないモンスターだ」と。（青野なんて『会社というモンスターが、僕

たちを不幸にしているのかもしれない。』という長くて覚えられないタイトルの本まで書いています）

わたしたちは、あまりに「会社」というものにとらわれすぎてはいないでしょうか。

「会社のために頑張る」「会社に貢献する」「わたしはこの会社が好きです」なんて言葉を社員の口からよく耳にしますが、そのとき、わたしは強烈な違和感を覚えます。

「会社っていったい何なんやねん」と。

会社なんて人格は、そもそも存在しません。

しいていうなら、上司や同僚、後輩のため、具体的に言えば「社長の夢に共感する」とか「このチームで仕事がしたい」から働いているはずです。もしくは、家族のため、自分自身のため、困っているだれかのため、どちらにせよ**「人」のために、わたしたちは働いている**はずです。

実体のない「会社」のために働く必要なんてないのです。

ですから、わたしはこれまで「あなたが好きな会社など、どこにも存在していないよ」と否定し続けてきました。

わたし自身、興銀を辞めた直後は、「興銀に足を向けて寝られない」「お世話になった銀行に恩返しをしたい」なんて話していました。

けれども時間が経ってみると、だんだん「魔法」は解けていきます。

「銀行に恩返しするって、上司や先輩や同僚にはできるけど……どうすればいいんだろう？」「そもそも興銀は合併してなくなったしなぁ」と、自分が憧れて入り、「会社のために」と頑張り、恩返しをしたいと思っていた「興銀」がいったい何なのかが、すっかりわからなくなってしまいました。

会社は「チームの最終形」ではない

先日、『天才を殺す凡人』や『転職の思考法』の著者である北野唯我さんと対談した際、参加者からこんな質問をもらいました。

「これからの会社には、『居場所』としての役割は残りますか？」と。「会社はなくなるんちゃうかな、と思いますけどね」と、わたしは答えました。

「ボーダレス化」の時代です。今やあらゆる情報やスキルは、ひとつの会社が占有するものではなくなり、個人や国をまたいで行き来しています。

つまり、**「情報という資産がだれのものかわからなくなっている」**状態です。

その中で、そもそも株主がいて、会社があって、法人という人格をつけ、「これはわたしのもの、あれはあなたのもの」と分断する概念は、どんどん薄れていっています。

会社はそもそも、人が生きていくために、飯を食うために生まれた「チーム」です。最初は狩猟動物として、みんなで獲物を仕留めるための集団が生まれました。次に、農耕を始めて「村」というチームをつくり、大量に稲を生産できるようになりました。そのあと、人は貨幣を発明しました。「会社」は、その貨幣を稼ぐために人間がつくり出した「チーム」なのです。

しかし今では、会社という枠を飛び越えたプロジェクトがあちこちで生まれはじめています。個人の複業も当たり前になりました。

この状況が示しているのは、**会社というチームそのものが古びてきている、**という実態です。

会社が営みを続けるうえで、社員に無理やり忠誠を誓わせたり、だれかの犠牲を強いたり、利益ばかりを追求したりすれば、即座にインターネット上で晒される時代。労働者人口が減りゆく時代。そういった会社は確実に淘汰されます。世の中にある会社は遅かれ早かれ、公明正大に向かっていく。会社は民主化されていきます。

株主だけでなく、社員、顧客、取引先などあらゆる人が幸せに暮らせる社会を築くことを理想とするならば、もはや「会社」という形にすらこだわらなくてもいいのかもしれない。極論を言えば、「会社はなくなってもいい」とわたしは考えています。人は「支配」ではもう動きません。人を動かすのは「理想」であり「共感」です。会社は「個人を縛る組織」ではなく「自立した個人が集まる組織」になっていきます。それは、これまでの組織とは、まるで反対のシステム。

逆に言えば、経営者にとっては、これまでの組織、つまり「年功序列」での支配ほど、楽なシステムはなかったのです。

どんなに仕事を頑張っていようが頑張っていまいが関係ない。毎年、決められた基準に基づいて自動的に給与を上げていく。会社側が、一方的に「お金をこれぐらい払うので、このくらい働いてくださいね」と個人を縛る、という仕組み。

しかも、みんながそれを受け入れていました。

わたしがかつて、サイボウズで成果至上主義を推し進めた理由は、この「年功序列」に対する強烈なカウンターからでしたが、実際にやってみると、「お金で人を縛る」ことは大変なことだらけでした。

そもそも、**人が人を評価するなんて、あまりにおこがましい**のです。ましてや、「値段をつける」なんておそろしすぎました。

評価基準を設けても、それもしょせん人が決めたことです。全員が全員、納得できるものにはなりません。ガルーン事業部のメンバーたちから「サイボウズOffice事業部ばっかりズルい！」と猛反発を受けたように。

それなら、「お金を唯一の価値基準にすることは、もうやめよう」。

結果、生まれたものが「１００人１００通りの働き方」を受け入れます、という会社のあり方でした。

サイボウズ社員の給与は「市場価格」で決まる

では、サイボウズの給与はどうなっているのか。

答えは「市場価格」です。

多くの会社では、人事考課を行う際、面談を行い、個人目標やＫＰＩ（重要な業績評価指標）と照らし合わせます。「これは自分でどれだけできてると思う？」「もしこの数値に納得がいかないなら説明してほしいんだけど」……想像するだけで、お互いの胃が痛くなりそうですよね。

会社としては予算も限られていますし、あまり大盤振る舞いはしたくない。だから社員に対して、比較的厳しい評価をつける。逆に社員は、なるべくたくさん給与をもらいたい。だから自分がいかに貢献したかをアピールします。

しかも、そこには別の要素として、生々しい「人間関係」も絡んでくるわけです。

ちょっと無茶ですよね。

そこでサイボウズでは、人事考課と業務フィードバックを切り分けることにしました。フィードバックはあくまで、社員がより力を発揮するために。

そして、個人の給与を決定する基準は、「市場価格」を活用することにしました。給与が決まる流れはこうです。

まず社員は、どれくらい給与が欲しいのか、金額を提示します。

それに対して、会社はまず「もしその社員が他社に転職するとしたら、どれくらいの給与を打診されるだろう」という視点で市場価値、つまり「社外価値」を割り出します。そこにくわえて、その人のチームでの貢献度、つまり「社内価値」を考慮して検討するのです。

また、社員によっては複業との兼ね合いで、サイボウズにフルコミットしない人もいます。その場合は、自分の何％をサイボウズに費やすのか計算して、配分します。

すると、「自分の市場価値は月給にして50万円だけれど、サイボウズには50％しかコミットできないから、25万円でお願いします」といった具合に給与が決まります。

どれくらい給与をもらいたいかさえもバラバラ、１００人１００通りなのです。

「楽しい」とまではいかなくても、「嫌じゃない」ところまでは持っていく

話が大きくなりましたが、話の焦点を「マネジャー」に戻します。

こんな時代の中で、マネジャーの役割はこれからどう変わっていくのでしょうか。

わたしはサイボウズの入社式で、ここ数年、こんなことを言います。

「みんな、サイボウズに入ってくれてありがとう。わたしの役割は、君たちを早く辞めてもらえるようにすることです」と。

なんてひどいことを！　と思われるかもしれません。せっかく離職率を4％まで下げることができたというのに。

しかし、本当に素直な気持ちなのです。

「早く辞められる」とはつまり、ほかのどの会社でも活躍できる素晴らしい人になってくれる、ということ。それだけの力をつけた、ということです。

そして、そんな人が「それでもいいからサイボウズで働きたい」と思ってくれるような会社にするのが、経営陣の役割ですし勝負どころだと考えています。

つまり、キャンプファイヤーの中心で「理想のトーチ」を掲げることです。

では、マネジャーの役割は？　それは、自分のチームを、メンバーにとって「働きやすい場所」にすることです。つまりは、この本を通して伝えた次の3つの実践です。

・「ザツダン」を行い、100人100通りの働き方や生き方を知ること
・情報を徹底的にオープンにし、最軽量のコミュニケーションをとること
・説明責任と質問責任を貫き、チームに公明正大な風土をつくること

何も、モチベーションを上げる必要も、テンションを上げる必要も、「仕事を楽しく」させる必要もありません。

すくなくとも、メンバーがすこしでも「会社に行くのがイヤではない」と思えるように、ひとつずつ原因を潰していくことです。

チームごとの「治外法権」から始めていこう

いまだ、マネジャーは苦しい立場です。

この本を読んで、会社を変えたい、組織を変えたい、働き方を変えたい、と思っても、「自分には会社を変える権限がない」という壁にぶつかります。

だからこそ、この本ではできるだけ、チームで「治外法権」としてできることをお伝えしてきたつもりです。

サイボウズが定義する「ワークスタイル変革に必要な3つの要件」というものがあります。「制度」「ツール」「風土」です。

このうち、「ツール」や「風土」はチームの中だけでも変えていけるはずです。

チームの情報公開を徹底するのであれば、無料のチャットアプリやグループウェアがたくさんあります。そして、説明責任と質問責任を貫くのは、マネジャーであるあなたと、チームのメンバーの覚悟次第です。

そして、制度は、結果と実態で変わります。まずは、あなたのチームから変えてみる。「治外法権」ワクワクする響きじゃないですか？

教科書通りのマネジャーにはなれなかっただからこそ

マネジメントについて書かれた本には、たくさんのノウハウが書いてあります。

そこには完璧なリーダーの姿があります。

しかし、わたしにはそれができなかった。それならいっそ、と、教科書を捨てたことがすべての始まりでした。

わたしは、「１００人１００通りの働き方」を受け入れることこそ、チームワークを最大化することだ、と信じています。

チームワークでどのように世の中が変わるのか。チームワークとは何か。

世界中にさまざまなチームワークがあります。トップダウンで進んでいくチームワーク、多数決で協調しながらのチームワーク、家族のようにアットホームなチームワーク。

そんな中で、サイボウズが掲げるチームワークとは、「理想に共感して集まったメンバーが、自立し、多様な個性を尊重し合い、チームで助け合いながら、公明正大に理想の実現を目指していく」こと。

権力を持つ者が、その人の利益のためにチームを運営するのではなく、利益競争のために、社員が報酬を目の前にぶら下げられて働かされるのではなく、一部の勝ち組だけが多くを獲得し、多くの負け組が憂き目を見るのではなく。

お金でつながる会社ではなく、理想でつながる会社を目指したい。そんな、会社の民主化をしてみたい。

マネジメントの大衆化は、まだまだその序章に過ぎません。

世界中の「チーム」に、わたしたちが掲げるチームワークが溢れることで、一人ひとりが「100人100通り」の幸せを実現する世の中を目指したい、と考えています。

おわりに

おじさんを攻撃するでも、若者を批難するでもなく

最近、セミナーでも「新しい時代のマネジメント」と題してお話しさせていただく機会が多くあります。

参加される30代や20代、これからの時代を担う世代のみなさんは、「普段から思ってはいても、会社では、特に昭和世代の上司の前では、言いたくてもなかなか言えないことをよくぞ言ってくれました！」と目を輝かせてくれます。そして、「この本が出たら2冊買って1冊は上司に渡したいです」と。

一方で、わたしと同年代もしくは上の世代の経営者やマネジメントに携わるみなさんも、複雑な表情をしながら話を聞いてくださいます。そして、「そういう時代なんですよね」とおっしゃってくださいます。

昭和世代のみなさんは、若い世代とのギャップをすでに感じられていて、実は普段からとても悩まれています。そのたびに、ただ、何がなぜ違っていて、どうすればいいか、がわからないだけなんだと感じます。**世代は断絶しているわけではないのです。**

たまたま、わたしは昭和を象徴する大企業と、今どきの若者が集まるＩＴベンチャー企業の両方で働く機会を得ました。

その経験が、世代間のギャップを埋めることができるのかもしれない。

もしわたしみたいな人間が、ほんのすこしでもその役割を果たすことができるのであれば、こんなに嬉しいことはないですし、それがこれまでご迷惑をおかけし、お世話になった多くのみなさんへの恩返しになるのかな、と思います。

最後に、この本の企画がスタートして出版に至るまで約2年がかかりました。わたしでなければもっと早くできたんだろうなと思います。

一方でこのプロジェクトそのものが、この本に書かれているチームワークでできた本だとも思います。著者は山田理という表記になっていますが、わたしはその一部にすぎません。

長時間に及ぶインタビューをし、書き起こし、最初の土台となる原稿をつくってくださった竹村さん。それを新たなテイストを加えながら引き継いで、わたしでは到底書けないわたしらしい文章を書いてくださった大矢さん。最後にそれを仕上げてくれたライツ社の大塚さん。

そして、対談にご協力くださった「ワンキャリア」の北野さん、「わざわざ」の平田さん、「Yahoo!」の伊藤さん、「ONEJAPAN」の濱松さん、「伊勢丹三越」の神谷さん、「佰食屋」の中村さん。新しい発見を、本の参考にもさせていただきました。

辛抱強くわたしに付き合い、プロジェクトマネジメントをしてくれたのはサイボウズ式ブックスのメンバーでした。イベントの企画、ツイッターでのつぶやき方まで、多岐にわたってチームをリードしてくれたサイボウズの明石さんと小原さん。ツイッターのプロフィールをいい感じに変えてくれた新人の団くん。その三人の部門長でもあり昭和世代のマネジャーで、この本を企画し、弱音を吐くといつも叱咤激励してくれた大槻さん。

みなさんのおかげでとてもいい経験をさせていただきました。本当にありがとうございます。

この本こそ、最軽量のマネジメントで、できた一冊だと思います。

ぜひ多くの方に読んでいただき、チームワークあふれる社会にすこしでも近づくことを願います。最後までお読みいただきありがとうございました。

山田理

おじさんを攻撃するでも、若者を批難するでもなく

山田 理

（やまだ おさむ）

サイボウズ株式会社取締役副社長 兼 サイボウズUS社長。

1992年日本興業銀行入行。2000年にサイボウズへ転職し、取締役として財務、人事および法務部門を担当。初期から同社の人事制度・教育研修制度の構築を手がける。2007年取締役副社長 兼 事業支援本部長に就任。2014年グローバルへの事業拡大を企図しUS事業本部を新設、本部長兼サイボウズUS社長に就任。同時にシリコンバレーに赴任し、現在に至る。

SPECIAL THANKS

＃理想のマネジャーってなんだ？
これからのマネジャーについて
考えるコミュニティ

市来聡	内倉國博	江ノ上美穂子
森田匡彦	栩木慎	石川文太
赤松翔	飯島綾太	春原剛
今竹英治	藤田裕貴	永井悠貴
和久義忠	谷山平哲	川崎博則
佐藤翔太	後藤直美	伊藤昌明
くぼゆき	佐藤靖彦	塚原真喜子
袖山健介	栗山克	

（敬称略・順不同）

最軽量のマネジメント

2019年11月11日 第1刷発行

著者 山田理

発行者 青野慶久
発行所 サイボウズ株式会社
東京都中央区日本橋2-7-1
東京日本橋タワー 27階
発売 株式会社ライツ社
兵庫県明石市桜町2-22
TEL 078-915-1818
FAX 078-915-1819

企画 大槻幸夫・明石悠佳・小原弓佳・高橋団
構成 大矢幸世
編集 大塚啓志郎・有佐和也
営業 髙野翔・吉澤由樹子・堀本千晶
装丁・デザイン 西垂水敦・市川さつき(krran)
写真 二條七海
印刷・製本 光邦

ISBN 978-4-909044-21-1

乱丁・落丁本のお問い合わせ、書店様からのお問い合わせ
ライツ社HP http://wrl.co.jp
そのほかのご感想・お問い合わせ
サイボウズ式ブックスHP https://cybozushiki.cybozu.co.jp/books/